AI 에이전트 시대의 새로운 상식

AI문고

인공지능 시대입니다. 기계가 인간의 인지를 대신하고, 사물이 인간을 통하지 않고 다른 사물과 직접 커뮤니케이션합니다. 이에 따른 인간 삶과 문명 변화를 정확히 이해·예측·대응하는 것은 이 시대 우리 모두의 과제입니다. AI문고는 인공지능 기술과 환경의 여러 주제를 10가지 키워드로 정리합니다. 관련 개념과 이론, 학계와 산업계의 쟁점, 우리 일상의 변화를 다룹니다. 인간과 기술의 현재, 미래를 세심히 분석합니다.

일러두기

- 인명, 작품명, 저서명, 개념어 등은 한글과 함께 괄호 안에 해당 국가의 원어를 병기했습니다.
- 외래어 표기는 현행 어문규정의 외래어표기법을 따랐습니다.

처음이세요?

전문가세요?

AI 에이전트 시대의 새로운 상식

공훈의

ㅋ

대한민국, 서울, 커뮤니케이션북스, 2025

AI 에이전트 시대의 새로운 상식

지은이 공훈의
펴낸이 박영률

초판 1쇄 펴낸날 2025년 11월 18일

커뮤니케이션북스(주)
출판 등록 2007년 8월 17일 제313-2007-000166호
02880 서울시 성북구 성북로 5-11
전화(02) 7474 001, 팩스(02) 736 5047
commbooks@commbooks.com
www.commbooks.com

ISBN 979-11-430-1499-3 03500

책값은 뒤표지에 표시되어 있습니다.

차례

무너진 장벽들 xi

01 누구나 할 수 있는 '바이브 코딩' 1

02 진정한 전문가 시대의 개막 11

03 프롬프트를 넘어 컨텍스트로 21

04 모달리티를 이해하라 31

05 워크플로 정의가 진짜 실력 41

06 시작부터 세계로 'Born-Global' 51

07 혼자서 완성하는 '풀 스택 최적화' 63

08 도구가 아닌 협업의 대상 73

09 AI 에이전트 앱 개발 원칙 'Four Gets' 83

10 '지평의 융합'은 가능할까? 93

무너진 장벽들

미래는 갑자기 찾아온다. 우리는 다시 새로운 세상을 살아야 한다. 이번에는 인공지능이다. 또 한 차례 우리는 미처 예측하지 못했던 도전 앞에 던져졌다.

그리 멀지 않은 과거에 우리는 불쑥 찾아온 미래를 여러 차례 겪었다. 1980년대 이후 퍼스널 컴퓨터가 우리의 책상을 점령하더니 2000년 들어 인터넷이 나타났다. 그때까지 알지 못했던 온라인 세상이었다. 온 세상이 '인터넷 혁명'을 얘기했다. 인터넷은 우리 일상을 깊숙이 파고들었다.

그로부터 10년 뒤인 2010년. 이번에는 소셜 네트워크 서비스(SNS)가 나타났다. 이제는 'SNS 혁명'이라고 했다. 인터넷을 기반으로 한 직접 소통 세상이 열렸다. 누구든지 일 대 다수, 심지어 다수 대 다수의 직접 소통을 주관하고 또 그에 참여할 수 있게 됐다. 필자는 일찍이 '내가 미디어다'라는 생각을 갖고 1인 미디어 시대에 대비할 것을 주창했다(공훈의, 2010). 결국 1인 미디어 시대는 현실이 됐다.

또 10년이 흘렀다. 그 사이 SNS는 모두에게 상식이 됐다. SNS가 확산하면서 그 저류에서는 엄청난 변화의 자산이 축적되고 있었다. 지구상의 많은 사람들이 SNS에 참여하면서 날이면 날마다 천문학적인 양의 데이터를 쏟아냈다. 그렇게 데이터 시대의 둑이 터졌다. '빅 데이터'는 시대의 유행어가 됐다.

불쑥 찾아온 놀라운 미래…일찍이 예견됐던 AI 에이전트 시대

데이터 시대의 기술은 머신 러닝, 딥러닝으로 눈부신 속도로 발전해 나갔다. 데이터 엔지니어링은 본능적으로 인공지능의 구현이라는 오랜 꿈을 향해 달렸다. 인공지능은 데이터를 먹고 자란다. 마침내 데이터 기술은 '학습'을 넘어서 '생성'으로 면모를 바꿨다. 데이터를 학습하는 러닝 모델이었던 것이 갑자기 사람의 말을 따라서 하는 생성형 모델로 출현했다. 학습할 수 있는 데이터 양의 차원이 달라지면서 데이터 기술은 금세 사람의 지능을 흉내 내는 수준으로 선뜻 올라섰다. 그렇게 또 한번 놀라운 미래가 불쑥 찾아왔다.

2022년 11월 30일은 인류 문명사에 영원히 기억될 날이다. OpenAI가 챗지피티(ChatGPT)를 공개한 날이다.

이 사건은 AI가 대중의 의식 속으로 들어온 'AI의 돌파구적인 해(breakout year)'로 평가받고 있다(Wikipedia, Artificial Intelligence).

대중은 챗지피티라는 생성형 AI 기술에 대한 경이로움에 빠져 있었다. 사실은 더 의미심장한 변혁이 이미 시작되고 있었다. '자율 에이전트(Autonomous Agent)'의 싹이 움트기 시작했던 것이다. 생성형 AI가 발전해 나가는 당연한 경로였다. 필자는 당시에 많은 강연을 통해 "이제 AI 시대가 아니라 이미 AA의 시대가 시작됐다"고 강조했다. '자율 에이전트'라는 새로운 컴퓨팅 개체의 등장이 예견됐기 때문이었다. 지금은 'AI 에이전트'라는 이름으로 불리고 있다.

챗지피티의 등장 이후 AI는 독립적인 LLM(거대 언어 모델)에서 더 자율적이고 과제 지향적인 프레임워크로 빠르게 전환됐다. LLM의 한계는 명확했다. 스스로 목표를 추구하거나 외부 디지털 도구를 독립적으로 조작할 수 없다는 점이었다. 이는 곧 '도구 증강 시스템', 즉 AI 에이전트의 개발로 이어졌다(Sapkota et al., 2025).

AI 에이전트는 단순히 프롬프트에 반응하는 LLM과는 다르다. AI 에이전트는 환경을 인식하고, 정의된 목표를 달성하기 위해 자율적으로 행동을 취하는 지능형 소프트웨어 개체다(Liang & Tong, 2025). 사람이 프롬프트를 입력해서 과업을 지시하면 AI 에이전트는 스스로 판단해서 그 과업의 달성에 필요한 하위 작업으로 나누고, 사람의 직접적인 개입 없이 각각 과업의 단계를 알아서 진행하는 능력을 발휘한다.

AI 에이전트는 빠른 속도로 진화하고 있다. 이제는 하나의 AI 에이전트가 자율적으로 과업을 수행하는 단계를 넘어서서 다수의 AI 에이전트들이 스스로 협력하면서 복잡한 인간의 업무를 대신 처리하는 에이전틱 AI(Agentic AI) 시대로 접어들었다. 예를 들어 하나의 AI 에이전트는 스마트 온도 조절기처럼 단일 작업을 자율적으로 수행하는 데 비해 에이전틱 AI는 날씨, 일정, 에너지 가격 등을 담당하는 여러 AI 에이전트가 서로 통신하고 협력해서 '최적의 편안함과 효율성'이라는 상위 목표를 달성하게 되는 것이다(Liang & Tong, 2025).

'어떻게 살아 낼 것인가?'… 생존의 질문이 아닌 기회의 질문

SNS가 패러다임의 변화를 가져왔다면 생성형 AI는 파괴적인 변화를 몰고 왔다. 변화는 전면적이다. 생성형 AI의 등장에 이어 생성형 AI를 '인지 엔진(cognitive engine)'(Liang & Tong, 2025)으로 사용하는 AI 에이전트, 다수의 AI 에이전트가 사람처럼 서로 소통하고 협업하는 에이전틱 AI로 급속히 발전하면서 우리는 기존에 쓰고 있던 컴퓨터 소프트웨어나 어플리케이션을 모조리 다시 만들어야 할 지경이 됐다.

나아가 우리의 일상생활과 사고방식, 기업의 경영 방식과 마케팅 체계, 교육의 형식과 역할, 심지어 인간의 지식에 대한 정의를 바꾸고 있다. 추론 능력과 창의성이 과연 인간 고유의 능력인가에 대한 의심마저 불러일으켰다. 그야말로 기존의 질서를 송두리째 무너뜨리는 파괴적인 변화의 물결이 몰아치고 있다. 우리는 지금 그 소용돌이의 한가운데에 빠져 있다.

이 시대를 어떻게 살아 낼 것인가? 생존에 관한 질문이 아니다. 기회에 대한 질문을 하려고 한다. 파괴적인 변화의 뒷면은 막대한 기회다. 인터넷 시대에도 그랬고 SNS 시대에도 그랬다. 남보다 먼저 본질을 간파하고 이를 기회로 이용한 사람들은 시장을 주도하고 새로운 질서를 만들었다. 그 결과 막대한 부를 쌓았다. 늘 그랬듯이 불쑥 찾아온 미래는 무한한 기회를 잉태하고 있다. 이 기회를 어떻게 잡을 것인가? 필자의 질문은 인공지능 시대, AI 에이전트 시대의 승자가 되기 위해 우리는 어떤 생각을 가져야 하는가에 관한 것이다. 우리에게는 새로운 상식이 필요하다.

전통적 컴퓨터 환경이 만들어 낸 고정관념… 새로운 상식이 필요한 이유

무엇보다 우리는 생성형 AI의 본질을 먼저 들여다보아야 한다. 인공지능 기술 가운데 우리가 가장 쉽게 접할 수 있고, 가장 쉽게 사용할 수 있는 보편적인 인공지능이 바로 생성형 인공지능이다. 챗지피티로 대변되는 LLM을 중심으로 이미지, 동영상, 음악을 만들어 내는 수많은 생성형 AI 모델들이 각축을 벌이고 있다. 동영상을 만들어 내는 데 그치지 않고 사람의 명령에 따라 실시간으로 변하는 인터랙티브 가상현실 공간까지 그려 낸다.

도대체 무슨 일이 벌어지고 있는 것일까? 변화의 본질을 이해하기 전에는 아무런 혁신도 만들어 낼 수가 없다. 아니, 이것이 혁신인지 아닌지 조차 판별할 수 없다. 고정관념을 버리고 새로운 상식을 갖춰야 하는 이유다.

우리는 오랜 세월 동안 전통적 컴퓨터 소프트웨어를 사용해 왔다. 워드 프로세서, 스프레드시트, 파워포인트로 대변되는 업무용 소프트웨어를 비롯해 이메일, 메신저, SNS 플랫폼, 그리고 각종 스마트폰 애플리케이션들이다. 그 특징은 ▲트리 구조의 메뉴와 폴더의 계층성 ▲미리 정의되고 구조화된 데이터와 프로세스의 정형성 ▲사람이 직접 입력한 데이터만을 처리하는 수동성 ▲서로 협업하지 않고 독립적으로 작동하는 폐쇄성 ▲텍스트 이미지 오디오 동영상 등 각각 처리하는 데이터 형식의 개별성 등이었다. 일찍이 1980년대 퍼스널 컴퓨터가 보급되면서 2022년 생성형 AI가 등장할 때까지 약 40년의 세월 동안 우리는 이 같은 전통적 컴퓨터 환경에 젖어 있었다.

생성형 AI는 전통적인 컴퓨터 소프트웨어의 한계를 훌쩍 넘어섰다. 격변의 원천은 그것이다. 소프트웨어의 제작 단계는 물론, 사용자 경험, 작동 및 판단 방식, 심지어 발상의 단계부터 생성형 AI는 전통적 컴퓨터 소프트웨어가 갇혀 있던 장벽들을 일거에 무너뜨렸다. 우리가 무엇보다 먼저 이해해야 할 지점이다.

그동안 그 장벽들은 워낙 공고해서 소프트웨어 엔지니어들은 물론 이를 사용하는 일반 대중들 사이에 뿌리 깊은 고정관념을 만들어 냈다. 그 고정관념들은 너무 단단히 굳어져서 그런 생각을 갖고 있다는 사실 자체는 물론 그것이 문제가 된다는 발상조차 어려울 정도다. 여기에서 기회가 발견된다. 승부처는 '누가 먼저 전통적 컴퓨터 소프트웨어 시대의 고정관념을 깨트리고 넘어서느냐'가 되고 있다. 생성형 AI가 열어젖힌 AI 에이전트 시대의 승자가 되기 위해서 중요한 출발선이다. 생성형 AI의 출현으로 도미노처럼 무너져버린 장벽들을 하나씩 들춰보자.

기술의 장벽

레이 커즈와일은 《특이점이 온다》라는 저서로 유명하다. 2005년에 쓰여진 이 책에서 그는 '특이점'을 예견했다. 인간이 기술 발전의 속도를 따라갈 수 없게 되는 시점. 그는 2045년에 특이점에 도달한다고 예측했고, 놀랍게도 그 예측은 지금도 충분히 유효하다.

약 20년이 지난 2024년에 그는 《마침내 특이점이 시작된다》라는 새로운 책을 내놓았다. 그는 여기서 '전에는 소프트웨어를 통해 창의적인 아이디어를 실행하는데 코딩 기술이 필수였지만 이제는 더 이상 그것이 걸림돌이 되지 않는다'면서 '그런 능력은 인간의 엄청난 잠재력을 분출시킬 것'이라고 예견했다(커즈와일, 2024:84). 이는 곧 현실이 됐다.

컴퓨터 프로그래밍은 더 이상 전문 기술이 아니다. 심지어 웹 사이트나 애플리케이션의 기획, 화면 디자인, 유저 인터페이스까지 특별히 훈련받은 전문 기술이 필요하지 않게 됐다. 모두가 생성형 인공지능이 자동으로 처리하는 몫이 됐다. 모든 단계의 작업을 각각의 과업을 전담하는 AI 에이전트들이 처리한다.

사용자가 마주하는 프런트 엔드나 애플리케이션이 구동하는 백 엔드 할 것 없이 생성형 AI를 '인지 엔진'으로 삼는 여러 개의 AI 에이전트들이 자율적인 협업으로 모두 만들어 낸다. 기획부터 디자인, 코딩, 분석, 테스트, 퍼블리싱, 유지 보수에 이르기까지 소프트웨어 개발 라이프 사이클(SDLC, Software Development Life Cycle)에서 기술의 장벽이 무너졌다. 이제는 누구라도 아이디어만 있으면 컴퓨터 애플리케이션을 직접 만들 수 있다. 이는 너무나 중요한 변화여서 한 장을 따로 할애하기로 한다.

언어의 장벽

챗지피티의 초기 버전인 gpt-3.5의 경우 인터넷상에 있는 약 5조 개의 문서와 약 3600억 개의 단어(정확히 말하면 토큰)를 학습했다. 여러 나라 단어를 학습시키는 도중에 어느 순간 챗지피티가 스스로 번역을 하기 시작했던 것으로 알려진다. 인공지능을 학습시키는 과정에서 일어나는 이른바 '창발성'[창발성이란 LLM을 훈련시키는 과정에서 약 20억 개의 파라미터를 추가할 때 갑자기 성능이 뛰어오르는 현상을 말한다. 인간은 아직 왜 창발성이 나타나는지 그 이유를 설명하지 못한다]이었던 셈이다.

인간은 하나의 언어에 형성돼 있는 규칙을 알아야 그 언어를 구사할 수 있다. 이에 비해 인공지능은 어느 나라 언어라도 가까이 있으면 끌어내서 문장을 만들어 낸다. 챗지피티 같은 거대 언어 모델은 언어를 구성하는 수많은 토큰과 문장의 조각들을 수천수만 차원의 잠재적 공간에 배치시켜 놓고, 그로부터 가까이에 있는 토큰이나 문장을 찾아 엮어 낸다. 그 기준은 단어와 단어 사이의 거리다.

인간은 수천수만 차원의 벡터 공간을 상상조차 할 수가 없다. 겨우 3차원의 공간을 인지하고 그려 낼 수 있을 뿐이다. 인공지능은 엄청난 차원의 벡터 공간에서 거리상으로 서로 가까이에 배치된 말을 엮어 낸다. 서로 다른 언어라고 하더라도 의미가 비슷한 단어들은 가까이 배치된다. 의미상으로 아주 가까운 거리에 있는 외국어를 끌어오는 것은 인공지능에겐 당연한 일이다. 세계 각국의 단어를 깡그리 학습하는 과정에서 번역은 필연적으로 일어날 수밖에 없는 일이었다.

물론 그 후 거대 언어 모델들은 번역 기능을 따로 훈련받았다. 결론적으로 생성형 AI에서는 언어의 장벽이 없어졌다. 어느 나라 말로 물어봐도 그 나라 말로 대답을 해 준다. 어느 나라 말로 된 자료를 학습시켜도 그 내용을 이해하고 학습하고 검색해서 그 결과를 사용자가 원하는 언어로 보여 준다.

이는 어느 나라 사람이라도 전 세계를 대상으로 하는 애플리케이션을 만들고 배포할 수 있음을 의미한다. 애플리케이션의 유저 인터페이스만이 아니라 사용자와의 소통에도 더 이상 언어의 장벽이 없다. 예를 들어, 한국어로 된 자료로 학습을 시키고 한국어로 디자인해 놓은 애플리케이션이라고 하자. 멀리 브라질 사람이라도 이 애플리케이션을 열고 포르투갈어로 소통하면서 역시 포르투갈어로 최종 결과물을 얻어갈 수 있다.

매끄럽고 긴 대화가 가능한 언어만 해도 영어, 중국어, 스페인어, 프랑스어, 독일어, 한국어, 일본어, 포르투갈어, 러시아어, 아랍어 등 10~15개 언어에 달한다. 여기에 일상적 질의응답 및 번역 수준이 가능한 언어까지 확대하면 대략 50~70개 언어에 이른다. 이제 언어의 장벽은 사라졌다.

정량의 장벽

인터넷 시대에 인간의 지적 지평을 넓혀 준 가장 강력한 기능은 검색이었다. 검색이란 정확한 키워드와의 매칭이었다. 하나의 키워드와 연관성이 높은 비슷한 키워드를 '단어의 덩어리(jargon)' 속에 낱낱이 정의해 두고 그 속에서 하나를 찾아 짝을 지우는 방식이었다. 그 속에 찾으려는 검색어와 똑같은 단어가 없으면 SERP(Search Engine Results Page)에서 누락될 수밖에 없었다. 한마디로 키워드를 미리 수록해 주지 않으면 검색 기능은 작동할 수 없었다.

생성형 AI는 수천수만 차원의 잠재 공간에서 벡터 거리상으로 가까이에 있는 단어를 인식한다. GPT 계열의 LLM 모델은 약 1만2000 차원의 임베딩 벡터 공간을 사용한다. 굳이 정확한 키워드를 낱낱이 정의해 놓지 않더라도 1만2000 차원으로 배치된 토큰들을 연결해서 그 맥락에 맞는 말을 엮어 낸다.

'아름답다'는 말을 생각해 보자. 생성형 AI는 사람들이 '아름답다'는 말을 어떤 맥락에서 많이 사용했는지를 판단한다. 엔지니어가 미리 정의해 놓은 '단어 덩어리'가 아니라 사람들이 많이 사용한 맥락을 판단해서 그 맥락 가까이에 있는 토큰들을 모조리 찾아내고 그중 하나를 선택한 다음 바로 직전에 선택된 토큰에 연결해서 말을 이어간다.

놀라운 것은 그러다 보니 검색만이 아니라 정성적 판단까지 가능하게 됐다는 점이다. '아름답다', '추하다'를 판단하고, 진보적인지 보수적인지를 판별한다. 단어 사이의 벡터 거리가 가까우면 비슷한 말이고, 거리가 멀수록 반대말이다. 이렇게 단어만이 아니라 하나의 문서가 다른 문서와 얼마나 비슷한 지를 평가하고, 저명한 인사의 말투를 따라 하기도 한다.

AI 에이전트는 그 이력(backstory)을 우리가 쓰는 말로 정의해 주면 마치 그 이력을 가진 사람처럼 작동한다. 전통적 프로그래밍 환경에서는 상상조차 할 수 없었던 일이 벌어졌다. 컴퓨터 프로그램이 미리 정의된 정량적 데이터에 의존하지 않고 정성적 판단을 하게 된 것이다. 이는 생성형 AI 시대에 매우 결정적이고 의미 있고 또 유용한 차이다.

편집의 장벽

인터넷 시대에서 검색의 공로는 인정해야 한다. 온 세상의 지식이 하나의 네트워크로 연결되자 검색 기능은 어떤 분야의 지식이라도 검색어를 이용해 한 덩어리의 문서 리스트로 묶어냈다. 그래서 인터넷 시대에 '정보의 민주화'를 이야기하고 '마침내 전문가의 영역이 무너졌다'고 흥분하지 않았던가.

그러나 검색의 본질 역시 미리 정의된 '단어의 덩어리' 방식을 벗어나지 못했다. 이른바 인덱싱 방식이다. 인덱싱을 만들어 내는 주역은 인터넷을 온통 뒤지고 다니는 '웹 스파이더'들이다. 아주 몸집이 가벼운 소프트웨어 로봇들이다. 이 로봇들이 인터넷에 걸린 문서들 하나하나에서 핵심 키워드들을 뽑아낸다. 그리고는 그 키워드와 그 문서의 웹 주소(URL)를 짝지어서 쌓아 놓는다. 사용자가 검색어를 입력하면 여기서 같은 키워드가 있는 문서들을 모조리 찾아서 가장 연관성이 높은 순서대로 문서 목록을 보여 주는 방식이다.

이 연관성을 계산하는 방식은 검색 엔진을 운영하는 개발진이 미리 정의해 놓은 알고리즘에 따른다. 사용자는 이 알고리즘이 선물한 검색 문서 리스트를 받아들고 문서를 하나씩 하나씩 열어서 읽어 봐야 한다. 그 지난한 노력 끝에 여러 문서에서 필요한 내용을 추려내고 이렇게 간추린 내용을 기억하거나 하나의 문서로 다시 편집해야 한다. 그래서 인터넷 검색 시대의 실력은 신속하고 정확한 편집 능력이었다.

생성형 AI에는 미리 정의된 인덱스도 없고 알고리즘도 없다. 모든 문서들이 가공하리만큼 높은 차원의 방대한 잠재 공간에 크고 작은 조각(이 조각들을 chunk라고 부른다)으로 나뉘어서 각각 제 위치에 흩어져 있을 뿐이다. 사용자가 프롬프트를 입력하면 그 내용에 가장 가까운 위치의 조각들을 찾아서 사람이 쓰는 말로 다시 엮어 낸다.

프롬프트는 그 속의 단어 하나하나가 아니라 프롬프트 전체의 맥락으로 이해된다. 심지어 그 전에 입력했던 프롬프트의 내용까지 되돌아보면서 전체 맥락을 바탕으로 벡터 공간에서 가까운 거리의 말을 조합해 낸다. 그래서 생성형 AI에서 핵심적으로 중요한 요소가 맥락, 바로 컨텍스트(context)다.

프롬프트에 대한 답은 맥락이 유지된 채 자연스러운 문장으로 정리된 문서다. 검색 결과를 뒤져 보고 최종 답안을 편집해야 할 필요가 없어졌다. 목표로 했던 정보를 얻기 위해 검색 결과의 편집에 들여야 했던 시간과 수고가 사라졌다. 편집의 장벽을 훌쩍 뛰어넘게 됐다.

작문의 장벽

글을 잘 쓰는 것은 우리에게 늘 도전이었다. 다행히 챗지피티 같은 LLM들이 글을 잘 써 준다는 것은 이제 우리가 잘 아는 사실이다. 하지만 생성형 AI의 글쓰기를 보고서나 요약문, 이메일 같은 작문 수준에 머물러 생각하지 말자. 그보다는 훨씬 전문적이고 입체적이기 때문이다.

예를 들어보자. 웹 사이트나 애플리케이션을 개발했다고 치자. 생성형 AI 덕분에 '바이브 코딩(vibe coding)' 방식으로 프로그래밍에 성공해서 테스트까지 마쳤다고 하자. 하지만 상용 서비스는 기능만으로는 부족하다. 사용 방법을 정리해서 게시해야 하고, 사용자 약관을 만들어야 하고, 개인정보 처리 방침 등등 '하우스 키핑'이 필수적이다. 전통적 프로그래밍 환경에서는 개발자에게는 물론, 기획자에게도 골치 아픈 과제였다. 그 애플리케이션을 총체적으로 이해한 상황에서 서비스의 내용과 한계, 법적 책임 범위 등을 꼼꼼히 법률적 조항으로 축조를 하는 일은 쉬운 일이 아니다.

커서(Cursor)나 챗지피티 코덱스(Codex)나 클로드 코드 등 어떤 도구라도 좋다. 하나의 도구에서 애플리케이션을 개발했으면, 이제 하우스 키핑을 가장 잘하는 주체는 바로 그 도구다. 그 프로그래밍 개발 과정과 서비스 내용을 가장 잘 알고 있기 때문이다. 이 도구들은 바로 개발 과정의 맥락, 즉 컨텍스트를 기억하고 있다.

예컨대 사용자 약관을 만들고 싶으면 커서 프롬프트 입력창에 '이 애플리케이션의 사용자 약관을 만들어 주세요'라고 입력하면 끝이다. 개인정보 처리 방침도 마찬가지다. 남은 것은 세밀한 검토뿐이다. 이는 사람의 몫이다.

애플리케이션의 개발 구조, 파일 구조, 사용 방법, 유지 보수에 필요한 사항 등을 일목요연하게 정리해 주는 README 파일도 만들 수 있다. 사실 전통적 프로그래밍 환경에서 README 파일을 잘 정리해 주는 개발자는 정말 드물었다. 그러나 생성형 인공지능을 바탕으로 한 바이브 코딩에서는 수시로 '지금까지 개발된 내용을 README 파일로 정리해 주세요', '추가로 개발된 내용을 README 파일에 업데이트해 주세요'라고 요청하면 깔끔하고 알기 쉽게 정리해 준다. 모두가 강력한 컨텍스트의 힘 덕분이다. 심지어 애플리케이션의 인가, 승인, 심사 등을 위한 국내외 외부 기관에 제출할 문서도 순식간에 그것도 매우 전문적인 내용으로 작성할 수 있다.

여기에 그치지 않는다. AI 에이전트를 활용하면 상대방이 보낸 글의 어조와 감성을 분석해서 그에 상응하는 답을 작성할 수 있다. 불만, 비난, 비판, 칭찬, 감사, 격려 등 인간이 생각할 수 있는 감성을 면밀히 판단해서 그에 어울리는 응답 내용을 스스로 만들어 낸다. 상대방이 사용한 언어를 판별해서 그 나라 말로 대답할 수 있는 건 물론이다. 우리가 할 일은 AI 에이전트에게 감성 분석 도구를 주고 그 역할을 정의하는 것이다. 그렇게 만들어진 AI 에이전트는 24/7 쉬지 않고 임무를 담당한다. 작문의 장벽은 여지없이 무너지고 말았다.

기획의 장벽

사실 전통적 프로그래밍 환경에서 웹서비스나 애플리케이션을 개발할 때 가장 중요하고도 어려운 단계가 바로 기획이었다. 자세하고 면밀한 기획이 이뤄져야 개발 과정이 매끄럽고 결과물도 정확하기 때문이다. 그래서 기획에 충분한 시간을 투입하라는 교훈이 정설이었다.

기획자는 개발 과정의 첫 단계에 필요한 전문가였다. 전체 서비스 흐름을 정리하고 그에 따른 사용자 경험을 설계하고 데이터가 흘러가는 파이프라인을 정의해야 했다. 그 흐름은 서로 상관관계가 밀접해서 대부분 다층적으로 흘러갔다. 이 흐름을 웹페이지 레이아웃으로 구현해서 스토리보드를 치밀하게 그려내야 했다. 집중력과 세밀함을 요구하는 일이었다. '예', '아니오' 버튼 하나하나까지, 심지어 예상되는 사용자의 실수에 대한 경고창까지 모조리 기획자에 의한 설계의 몫이었다.

여러 차례 거듭되는 검토와 시뮬레이션, 그에 따른 스토리보드의 업데이트 등 과정을 거치면서 기획에는 많은 시간이 걸렸다. 이렇게 스토리보드가 완성돼야 개발의 다음 단계인 웹디자인이 진행될 수 있었다. 디자인이 완성되면(이 또한 금방 끝나는 일이 아니다) 이제 웹 퍼블리셔가 일을 시작한다.

데스크톱에서 태블릿, 스마트폰 등 천차만별의 각종 기기에서 의도한 대로 화면이 표출되려면 그 많은 경우에 대비해 일일이 코딩을 해 줘야 했다. 대단한 인내력을 필요로 하는 고된 작업이었다. 그래서 실력 있는 웹 퍼블리셔를 찾기도 어려운 게 현실이었다. 이렇게 웹 코딩이 끝나면 비로소 프로그래머가 애플리케이션의 뒷면에서 돌아가는 온갖 프로세스를 코딩해서 웹 페이지 코딩에 갖다 붙이는 작업이 이뤄졌다. 개발 작업은 이렇게 순서대로 진행될 수밖에 없었다. 개발 작업에는 많은 인력과 긴 시간이 필요했다.

이렇게 지난한 과정의 장벽은 어떻게 무너졌을까? 기획은 극적으로 단순화됐다. 면밀한 스토리보드 대신에 원하는 주요 기능을 정리한 프롬프트면 충분해졌다. 어떤 목적에 어떤 기능을 가진 애플리케이션을 만들 것인지를 주문하면 됐다. 그것도 컴퓨터 프로그래밍 언어가 아니라 우리가 일상에 쓰는 말로 글을 써서 입력하면 된다. 그러면 기획 단계부터 웹디자인, 웹 코딩, 프로그래밍이 동시에 또는 순차적으로 진행된다. 그것도 아주 짧은 시간 안에 그 많은 전문 인력이 필요했던 복잡한 일들이 일상 언어로 정리된 프롬프트로 대체된다.

물론 일은 극적으로 줄었지만 기획은 여전히 가장 중요한 단계다. 생성형 AI 환경에서도 애플리케이션을 개발할 때는 얼마나 구체적으로 기획서를 정리하느냐에 따라 그 결과물의 품질과 정확도가 좌우된다. 그래서 애플리케이션 개발에 관한 PRD(Product Requirements Document)가 핵심적인 요소가 된다.

그렇다고 해서 '예', '아니오' 버튼에 이르기까지 일일이 그려주는 세밀한 기획서가 필요한 것은 아니다. 너무 세밀하면 오히려 방해가 된다. 통상적인 프로세스들은 생성형 AI가 최선의 사례들을 너무 잘 알고 있다. 심지어 의도하는 애플리케이션에 가장 어울리는 페이지 디자인과 유저 인터페이스까지도 알아서 만들어 준다. 그래서 너무 포괄적인 프롬프트도 아니고 너무 세밀한 기획서도 아닌, 적절한 수준의 PRD를 작성하는 것은 바이브 코딩의 핵심 중에 핵심이 됐다.

전통적인 기획 작업의 수고와 어려움은 이렇게 해소됐다. 그렇다고 PRD 작성을 두려워하지는 말자. 생성형 AI는 기본적인 아이디어만 입력하면 PRD마저도 만들어 주니까. 이제 기획자는 만들고자 하는 애플리케이션의 특징과 차별점을 정의하고, 이를 가장 잘 구현해 줄 백엔드 구조(architecture)를 선택하는 등 PRD를 최적화하는 데 집중해야 한다. 기획의 장벽이 무너지면서 기획의 목적과 방법이 전혀 달라졌다.

참고문헌

공훈의(2010). 《소셜미디어 시대, 보고 듣고 뉴스하라》. 한스미디어.

레이 커즈와일(2007). 《특이점이 온다》. 김명남·장시형 옮김. 김영사.

레이 커즈와일(2024). 《마침내 특이점이 시작된다》. 이충호 옮김. 비즈니스북스.

Liang, G. & Tong, Q.(2025). LLM-Powered AI Agent Systems and Their Applications in Industry. arXiv:2505.16120.

Sapkota, R. et al.(2025). AI Agents vs. Agentic AI: A Conceptual Taxonomy, Applications and Challenges. arXiv:2505.10468.

Wikipedia. Artificial intelligence. https://en.wikipedia.org/wiki/Artificial_intelligence

01
누구나 할 수 있는 '바이브 코딩'

더 이상 "나는 개발자가 아니야"라는 말은 통하지 않는다. 'AI의 민주화'가 현실이 되면서, 누구나 손쉽게 프로그래밍할 수 있는 시대가 열렸다. 자연어로 소통하며 코드를 생성하는 '바이브 코딩', 에러를 두려워하지 않는 새로운 개발 마인드까지. 코딩 기술보다 중요해진 PRD 작성과 프롬프팅 능력, 바이브 코딩에 필요한 새로운 상식들을 소개한다.

기후 위기와 인공지능?

가슴 뛰는 미래의 시작… 'AI의 민주화'

SNS는 상식이 됐고 이제 데이터 시대가 열렸다. 필자가 이런 직관을 얻었던 것은 2020년의 일이었다. 그동안 덮어두었던 코딩을 다시 시작했다. 파이선(Python)은 데이터 시대 프로그래밍 언어로 그 유용성과 편의성, 확장성에서 이미 확고한 위상을 갖고 있었다.

필자는 1985년에 8비트 퍼스널 컴퓨터로 베이직(BASIC) 언어를 이용해서 처음으로 컴퓨터 프로그래밍을 시작했다. 그 후 1995년에 HTML로 정적인 웹페이지를 만들었고, 이어서 펄(Perl)이라는 언어를 습득해서 CGI를 이용한 동적인 웹 사이트를 구축했다. 다행히 파이선은 베이직이나 펄과 같은 계통인 인터프리터 언어여서 금방 적응이 됐다. 짧은 시간 안에 간단한 프로그램들을 이것저것 만들어 봤다. 백지 상태에서 가상화폐 자동매매 프로그램을 만들기도 했다. 파이선은 다양한 라이브러리 덕분에 그야말로 못 만들 것이 없을 만큼 확장성이 뛰어난 언어였다.

이런 시도는 바로 머신 러닝으로 이어졌다. 자연스럽게 프랑수아 숄레(Francois Chollet)의 책을 만났다. 딥러닝(Deep Learning) 학습의 바이블이라고 불릴 만한 《Deep Learning with Python》이란 책이었다. 그는 이

책의 서문에서부터 필자의 가슴을 뛰게 만들었다.

"그리 멀지 않은 미래에 기초적인 코딩 기술을 가지고 있으면 누구든지 자신의 아이디어를 데이터를 학습시킨 스마트 어플리케이션으로 만들 수 있게 될 것이다" (Chollet, 2021: xvii).

그는 'AI의 민주화'를 주창했다. 그는 가장 유용한 딥러닝 모델 중의 하나로 꼽히는 '케라스(Keras)'를 개발한 주인공이다. 숄레는 이 책의 서문에서 케라스를 처음 개발했던 2015년만 해도 이런 생각을 하지 못했다고 한다. 그러나 많은 사람들이 지금까지 없었던 강력한 방법으로 케라스를 활용하는 것을 보고 마침내 'AI의 민주화'에 다가갈 수 있겠다는 생각을 하게 됐다고 술회한다.

필자는 딥러닝을 공부하면서 그 가슴 설레는 가능성을 실감했다. 사람이 손글씨로 쓴 0부터 9까지의 숫자 이미지를 컴퓨터 데이터 형태의 텍스트 숫자로 판별해 내는 딥러닝 프로그램을 시연해 보았을 때였다. 미국 산업표준국(MNIST)에서 제공한 6만 개의 손글씨 데이터 세트를 이용해서 케라스 모델을 훈련시키는 프로그램이었다.

전통적인 프로그램 환경으로 생각하면 이 작업은 쉽지 않았다. 상당히 복잡한 구조를 가질 수밖에 없었다. 하지만 케라스 모델을 이용했을 때 필요한 프로그램의 코드는 모두 16줄에 불과했다. 이를 실행해서 98%가 넘는 정확도를 갖도록 훈련시키는 데 걸리는 시간은 약 28초. 그나마 그 대부분은 데이터 세트를 다운로드하는 시간이었다. 데이터를 학습시키는 고도의 프로세스는 케라스 모델 안에 이미 구현돼 있고, 프로그래머는 이 모델을 그저 불러오면 끝이다. 더욱이 코딩의 구조가 매우 정형적이어서 따라 하기가 쉽다.

딥러닝을 구현하는 일이 쉽고 빠르다는 얘기였다. 머지않아 누구나 인공지능을 이용한 솔루션을 만들 수 있게 될 것이라는 직감이 왔다. 그리고 그것은 바야흐로 현실이 됐다. "AI를 민주화하는 것은 우리가 만들어 내는 미래가 좋은 미래가 될 것임을 확실하게 하는 가장 좋은, 아마도 유일한 길이다"(Chollet, 2016)라는 숄레의 믿음이 실현되고 있다.

보고 말하고 실행하고 복사하고 붙여 넣을 뿐

컴퓨터 프로그램을 개발한다? 전문적으로 훈련을 받지 않은 개발자가 아닌 한 현실적인 생각이 아니었다. 그러나 사정이 달라졌다. 컴퓨터 솔루션이나 애플리케이션을 만드는 데 코딩이 별로 필요치 않은 '로 코드(low code)'를 지나 이제 아예 코딩이 필요치 않은 '노 코드

(no code)' 환경이 열렸기 때문이다.

'노 코드'의 결정판은 '바이브 코딩(vibe coding)'이다. '바이브 코딩'이라는 말은 2025년 2월에 처음 등장한 신조어다. 테슬라의 인공지능 개발 책임자 안드레이 카파시(Andrej Karpathy)가 자신의 X계정에 올린 게시물에서 시작됐다. 그는 바이브 코딩을 이렇게 소개했다.

"저는 '바이브 코딩'이라고 부르는 새로운 종류의 코딩이 있다고 생각합니다. 여기서는 분위기(vibe)에 완전히 몸을 맡기고, 코드가 존재한다는 사실조차 잊어버립니다. (중략) 저는 항상 '모두 수락(Accept All)'을 누르고, 더 이상 코드 변경 사항(diff)을 읽지 않습니다. 오류 메시지가 나오면 그냥 아무런 설명 없이 그대로 복사해서 붙여 넣는데, 보통 그러면 해결됩니다. 코드는 제가 평소에 이해할 수 있는 범위를 넘어 성장하지만 (중략) 이건 사실 코딩이 아닙니다. 저는 그냥 보고, 말하고, 실행하고, 복사하고 붙여 넣을 뿐인데, 대부분 작동합니다 (Sarkar & Drosos, 2025에서 재인용)".

개발자가 직접 코드를 한 줄 한 줄 작성하는 것이 아니다. 바이브 코딩은 AI를 장착한 코딩 도구에게 우리가 평소에 쓰는 자연스러운 언어로 원하는 기능을 설명하면 AI 코딩 도구가 대신 코드를 만들어 주는 개발 방식을 말한다. 컴퓨터 프로그래밍 언어가 아니라 일상 언어를 사용한다. 만들고 싶은 어플리케이션에 대한 명확한 설명을 입력하면 AI 에이전트가 그 지시를 하위 단위의 작업으로 세밀히 쪼개서 실제 작동하는 코드와 파일을 생성하는 것이다.

골치 아팠던 에러도 이제는 정상적인 개발 단계

사실 '바이브 코딩'에 대한 카파시의 최초의 포스팅은 그 결정적인 특징을 모두 담고 있다. 심지어 에러 처리 방식까지 생생하게 전해 준다. 작성한 코드를 처음 실행했을 때는 에러가 나기 일쑤다. 에러의 원인을 찾고 그 해결책을 찾는 과정은 개발자에게는 지옥이나 마찬가지다.

필자가 미국에서 늦깎이 공부를 하던 1999년의 일이다. 아르바이트로 한창 웹 사이트를 개발하던 중 복잡한 코드 안에 ResultDisplay라고 썼어야 할 변수 이름을 ResultDispaly라고 잘못 쓰는 바람에 실행 에러가 났다. 그런데 도대체 그 원인을 찾을 수가 없었다. 멀미가 날 지경이었다. 결국 컴퓨터를 닫고 골프백을 메고 골프장으로 갔다. 완전히 머리를 비우고 난 다음에 다시 모니터를 들여다봤더니 그때서야 play를 paly로 잘못 쓴 게 눈에 보였다. 요즘은 이런 타이포는 굳이 인공지능 개발 도구가 아니더라도 웬만한 IDE, 즉 개발 도구들은 자동으로 고쳐서 입력해 주지만 그때는 그저 IDE 창뿐이었다.

에러와 디버깅은 개발자에게는 고통스러운 일이다. 그래서 코딩을 할 때 에러를 방지하는 것은 개발자의 중요한 목표이기도 했다. 그런데 바이브 코딩에서 에러와 디버깅은 피해야 하고 골치 아픈 일이 아니라 이제 정상적인 개발 단계가 됐다. 비록 내가 원인을 알지 못할지라도 모든 에러는 결국 해결될 것이고, 그 과정을 통해 애플리케이션이 완성돼 간다. 그저 집을 짓는 데 잘못 끼운 벽돌을 고쳐 끼우는 과정일 뿐이다.

커서(Cursor)나 윈드서프(Windsurf), 버셀(Vercel)을 비롯해 챗지피티 코덱스(Codex), 클로드 코드(Claude Code) 등 바이브 코딩 도구들은 에러의 원인을 순식간에 찾아주고 그 해결책을 추론을 통해 찾아낸다. 사람이 할 일은 어떤 에러가 발생했는지 터미널에 나타나는 기록, 즉 로그(log)를 복사해서 넣어 주면 끝이다. 굳이 에러가 생긴 원인을 몰라도 된다. 개발 과정에 가장 힘든 대목이 이제는 자연스럽고 당연한 개발 단계의 하나로 변했다. 더 이상 에러는 두려워 할 필요가 없다. 두려워하기는 커녕 정상적인 개발 단계로 받아들이고 하나씩 해결해 나가면 끝이다.

코딩 기술이 아니라 새로운 상식이 필요한 바이브 코딩 환경

이제 중요한 일은 어떤 어플리케이션을 만들 것인가를 명확하게 정리해 주는 것이다. PRD를 정확히 쓸 줄 알아야 한다. PRD에는 정해진 형식이 없다. 필요한 요소가 있을 뿐이다. PRD는 개발하려는 어플리케이션의 목적, 타깃 사용자, 플랫폼(모바일 앱 또는 웹 사이트 등), 핵심 기능, 사용자 경로, 기술적 요소(프런트 엔드와 백 엔드, 데이터베이스 등 아키텍처), 디자인 성향 등을 차근차근 정리한 문서다.

PRD는 전통적으로 앱의 기획에 써 왔던 스토리보드가 아니다. 기획자가 스토리보드를 그리듯 낱낱이 쓰는 것이 아니라 높은 수준의 기능 설명이어야 한다. 다행히 자동으로 PRD를 적절한 수준으로 정리해 주는 생성형 AI 기반의 서비스도 많이 나와 있다[필자가 직접 개발한 PRD generator(www.prd-generator.com)도 그중의 하나다]. 한 줄의 프롬프트로도 어플리케이션을 만들 수 있지만 정확히 원하는 결과물이 나오게 하기 위해서는 잘 정리된 PRD가 지름길이다. 바꿔 말하면 PRD는 프롬프트 엔지니어링을 거친 구조화된 프롬프트라고 할 수 있다.

바이브 코딩 시대의 프로그래밍 환경은 이렇게 정리할 수 있다.

- 이제 컴퓨터 프로그래밍은 누구나 할 수 있다.
- 필요한 것은 프로그래밍 언어가 아니라 프롬프팅이다.
- 핵심은 바이브 코딩 환경에 맞는 새로운 마인드다.

"나는 개발자가 아니야." "나에게 저런 일은 너무 복잡해." "나는 코딩을 하기에는 나이가 너무 많아." 이제 이런 말은 더 이상 할 필요가 없게 됐다. 바이브 코딩 시대에는 그 누구라도 컴퓨터 프로그래밍이 가능하다. 누구든지 AI 에이전트가 적용된 어플리케이션을 만들 수 있게 됐다는 뜻이다. 프로그램 코딩을 하는 기술이 아니라 바이브 코딩 환경을 이해할 수 있는 새로운 상식을 갖추면 된다. 마침내 진정한 'AI의 민주화'가 이뤄졌다.

참고문헌

Chollet, F.(2016). On the importance of democratizing Artificial Intelligence. The Keras Blog. https://blog.keras.io/on-the-importance-of-democratizing-artificial-intelligence.html

Chollet, F.(2021). *Deep Learning with Python*. Manning

Publications Co.

Sarkar, A. & Drosos, I.(2025). Vibe coding: programming through conversation with artificial intelligence. arXiv:2506.23253.

02
진정한 전문가 시대의 개막

AI 시대에는 미켈란젤로가 대리석에서 조각상을 끄집어내듯 전문가가 AI에서 정확한 답을 찾아내는 역할을 한다. 바이브 코딩으로 애플리케이션 개발 주도권이 개발자에서 도메인 전문가로 이동했다. 개발 비용과 시간이 대폭 줄어들면서 다양한 전문 앱의 폭발적 증가가 예상된다. 이제 필요한 것은 코딩 기술이 아닌 전문성 기반 상상력이다.

노래하는 AI 보컬?

정확한 답을 끄집어내는 것은 전문가의 역할

미술사의 아버지로 불리는 조르조 바사리(Giorgio Vasari)는 그의 저서 《르네상스 미술가 평전(Le vite de' più eccellenti pittori, scultori e architettori)》에서 스승인 거장 미켈란젤로의 가르침을 이렇게 전했다.

> 조각이란 재료에서 불필요한 것을 제거하여, 조각가의 마음 속에 그려진 형태로 만드는 기술이다.(Vasari, 1568:25)

AI 시대에 딱 맞는 통찰을 주는 말이다. 조각가는 숙련된 솜씨로 대리석 덩어리 속에서 필요 없는 부분을 깎아내고 다듬어 조각가가 그리는 형상을 만들어 낸다. 대리석 속에는 이미 그 형상이 들어있고, 조각가는 그 전문적인 기술로 그 형상을 끄집어낸다는 뜻이다.

AI 시대에도 마찬가지다. LLM에는 모든 주제에 대한 답이 들어있다. 그 답을 얼마나 정확히 끄집어내느냐는 사용자의 몫이다. 특정한 분야에서 정확한 답을 이끌어내는 것은 전문가의 일이다. LLM에서 답을 찾아내는 위한 수단은 프롬프트다. 프롬프트는 조각가가 들고 있는 정과 망치인 셈이다. 그 전문 도메인에 전문적인 식견이 있는 사람만이 가장 정확한 프롬프트를 작성할 수 있다. 프롬프트 엔지니어링이란 기술이 나타난 배경도 이것이다.

좋은 페르소나의 정의는 그 도메인 전문가만이 할 수 있는 일

특히 AI 에이전트에서 전문가의 역할은 필수적이다. AI 에이전트에서는 페르소나를 정의하는 것이 핵심 중의 핵심이다. 정확한 페르소나의 정의는 그 도메인에서 전문적인 지식과 식견이 있어야 가능하다.

예를 들어, AI 에이전트 애플리케이션을 만들 수 있게 해 주는 프레임워크에 crewai가 있다. crewai에서는 AI 에이전트를 정의할 때 ▲역할(role) ▲목표(goal) ▲경력(backstory) 등 페르소나를 정확히 정의해 줘야 한다. 또한 그 AI 에이전트가 수행할 임무(task)에 대해서도 ▲설명(description) ▲결과물(expected_output) 등 시스템 프롬프트를 명확하게 정리해 줘야 한다. LangChain, AutoGen, Agno 등 다른 AI 에이전트 프레임워크에서도 페르소나와 시스템 프롬프트 또는 지시문(instruction)의 정의는 AI 에이전트 성능을 좌우하는 결정적인 요소다.

좋은 페르소나는 전략과 행동, 경계와 협업에 대한 뚜렷한 정의를 갖춰야 한다. 무엇을 성취하면 과업 수행이 완료되는지 명확한 미션을 제시해야 한다. AI 에이전트가 해야 할 일과 하지 말아야 할 일에 대해 레드라인을 정해 줘야 한다. 해당 도메인에서 유지해야 할 세계관과 어떤 전문성 수준의 언어를 사용할 것인지 언어 적합성을 제시해야 한다. 과업 수행 단계에서 어느 단계에서 인간의 승인을 받을 것인지, 아니면 AI 에이전트가 스스로 결정할 것인지 에스컬레이션이나 자율성 수준을 지정한다. 또한 어느 단계에서 다른 에이전트나 사람에게 작업을 넘길 것인지 트리거를 설정하는 '핸드 오프 프로토콜(hand-off protocol)'을 설정해 준다. 사회 문화적인 특성을 고려해 어떤 표현을 쓰지 말아야 할지 금지 조항을 제시하고 저작권 정책을 준수하도록 지시한다.

여기에 그치지 않는다. 도메인 전문가는 AI 에이전트가 생성한 결과물에 대해 그 품질과 정확성, 윤리적 문제 등을 판단하고 감독하는 필수적인 역할을 담당한다(Mondai, H. 2024). AI가 생성하는 콘텐츠에는 인간의 감독이 필요하며, 전문가는 이 감독의 주체가 된다. 전문가는 프롬프트를 신중하게 설계해서 AI가 편향된 결과를 생성할 위험을 줄일 수 있다.

이 같은 환경에서 페르소나 정의는 전통적 컴퓨터 프로그래밍 언어로는 불가능하다. 한결같이 정성적인 자연어로 마치 잘 정리된 논문처럼 기술돼야 한다. 컴퓨터 코딩을 하는 개발자가 할 수 있는 일이 아니다. 순전히 그 도메인의 전문가만이 할 수 있는 일이다. 전통적 프로그래밍 환경에서 컴퓨터 애플리케이션 개발에 핵심적인 역할은 프로그래머였다. 컴퓨터 프로그램 코딩이라는 전문적인 기술이 없으면 그 어떤 전문적 아이디어라도 애플리케이션으로 구현이 아예 불가능했기 때문이다.

작고 전문적인 앱까지 '다양성의 폭발'

이제 사정이 달라졌다. 바이브 코딩은 누구라도 컴퓨터 코딩이 가능하게 해 준다. 그것도 아주 짧은 시간에. 이제 핵심은 도메인 전문성이다. 누가 AI 에이전트의 페르소나를 정확히 정의할 수 있는가? 이것이 핵심 중의 핵심이 됐다. 이제 AI 에이전트 애플리케이션을 만드는 데 그 주도권이 개발자에서 도메인 전문가로 넘어왔다. 내가 특정 도메인에 전문성을 가지고 있고 아이디어가 있다면 이제 AI 에이전트가 적용된 컴퓨터 애플리케이션을 언제라도 직접 만들 수 있다.

애플리케이션 개발에서 역할의 변화뿐만이 아니다. 만들어지는 애플리케이션의 다양성이 폭발적으로 늘어나게 된다. 다시 전통적 컴퓨터 프로그래밍 환경을 생각해 보자. 하나의 애플리케이션 개발에 성공하려면 최소한 애플리케이션을 구상한 전문가와 코딩을 맡는 개발자 사이에 원활한 커뮤니케이션이 보장돼야 한다. 앱 개발에서 늘 쉽지 않지만 피할 수 없는 난제다. 어느 도메인의 전문성을 개발자를 통해 컴퓨터 애플리케이션으로 정확히 구현하려면 많은 시간과 노력과 인내가 필요했다.

이 모든 자원을 투입해서 애플리케이션을 만들었다고 하자. 결국 그렇게 만들어진 애플리케이션은 가급적 많은 사람들이 공통적으로 쓸 수 있도록 폭넓은 범위의 용도를 가진 범용 애플리케이션이 됐다. 그래야 경제성이 확보되기 때문이었다. 다시 말해서 사용자 수는 제한적이지만 꼭 필요한 성능을 가진 특수 용도의 애플리케이션을 만들기는 매우 어려웠거나 아예 불가능했다. 아무리 좋은 아이디어가 있더라도, 아무리 꼭 필요한 애플리케이션이라고 해도, 경제성이 확보되지 않으면 만들 엄두를 내지 못했다.

이제 사정이 달라졌다. 바이브 코딩의 성능은 하루가 다르게 더 강력해지고 있다. 애플리케이션을 만드는 데 시간이 별로 걸리지 않는다. 몇 개월에서 1년이 넘게 걸리던 일이 몇 시간 길어야 며칠 안에 끝난다. 전문가의 아이디어만 있으면 애플리케이션 기획부터 코딩까지 큰 노력 없이 자동으로 진행된다. 이러다 보니 애플리케이션을 개발하는 데 드는 비용은 수백만 원에서 억대에 이르는 개발 용역 보수에서 한 달에 몇 십 달러 수준의 바이브 코딩 도구의 구독료 수준으로 떨어졌다.

기억하는가? 과거 전통적 미디어 시대에는 개인이 방송을 하는 것은 꿈도 꾸지 못할 일이었다. 방송을 하려면 정부로부터 주파수를 배정받아야 하고 방송사 인가를 받아야 하고 천문학적인 돈을 들여 방송 설비를 갖춰야 하고 엄청난 숫자의 인력을 고용해야 했다. 방송은 그래서 독과점적이었다. SNS는 이 장벽을 일거에 무너뜨렸다. 유튜브(YouTube)에서 어떤 일이 벌어지고 있는지 생각해 보라. 이제 AI 에이전트 시대에는 어떤 일이 벌어질까?

필요한 것은 도메인 전문성이 뒷받침된 상상력

다양한 아이디어를 가진 전문가들이 자기만의 AI 에이전트 애플리케이션을 앞다퉈 만들어 낼 것이다. 개인용, 사무용, 오락용 등 단순한 애플리케이션부터 멀티 에이전트 방식으로 복잡한 업무를 처리하는 애플리케이션까지 인간의 일을 대신해 줄 수많은 AI 에이전트 앱들이 폭발적으로 만들어지게 된다. 마치 SNS 시대에 '나도 미디어다'라는 각성으로 모두가 자신의 목소리를 내게 됐던 것처럼, AI 에이전트 시대에는 '나도 개발자다'라는 각성이 퍼지면서 모두가 자신만의 애플리케이션을 쏟아낼 것이다.

인터넷상에 AI 에이전트를 모아둔 거대한 '인력 시장'이 만들어질 것이다. 마치 유튜브에서 모든 사람들이 자신의 목소리를 내고 많은 사람들이 그 동영상을 찾아서 구독하듯이 AI 에이전트를 모아놓은 사이트에서 사람들은 자신에게 필요한 AI 에이전트 일꾼들을 찾아서 일을 시킬 것이다.

복잡한 일은 필요한 여러 개의 AI 에이전트를 골라 손쉬운 프로토콜로 묶어서 서로 협업하도록 엮어 사용하게 된다. 마치 요리를 할 때 조리법에 따라 요리 도구와 재료들을 골라서 조리하듯이. A2A(Agent To Agent)와 같은 프로토콜은 그래서 없어서는 안 될 잠재력이 매우 큰 환경이다. A2A는 여러 개의 독립적인 AI 에이전트 사이에 커뮤니케이션을 가능하게 하고, 자동으로 협업하고 처리 결과를 공유하게 해 주는 프로토콜이다. 이런 프로토콜을 활용하면 여러 개의 AI 에이전트를 워크플로(workflow)로 묶어서 상위의 과업을 처리하는 전혀 새로운 애플리케이션을 만들 수 있다. 다양한 AI 에이전트를 바탕으로 끝없는 상승 작용이 이어지게 된다.

이제 필요한 것은 도메인 전문성이 뒷받침된 상상력이다. 더 이상 컴퓨터 코딩 기술이 아니다. AI의 잠재력을 최대한으로 끌어내는 핵심적 역할은 그 도메인의 전문가에게 달려 있다. 마침내 누구나 자신의 아이디어를 애플리케이션으로 금방 만들어 낼 수 있는 'AI의 민주화'가 이뤄졌다. AI라는 거대한 대리석 속에서 원하는 형상을 끄집어내는 미켈란젤로의 망치와 정은 이제 전문가의 손에 들려있다. 그래서 커즈와일은 바이브 코딩이 "인간의 엄청난 잠재력을 분출시킬 것(커즈와일, 2024: 84)"이라고 예견했던 것이다.

참고문헌

레이 커즈와일(2024). 《마침내 특이점이 시작된다》. 이충호 옮김. 비즈니스북스.

Mondal, H. & Mondal, S.(2024). Artificial Intelligence-Generated Content Needs a Human Oversight. *Indian journal of dermatology, 69*(3).

Vasari, G.(1568). *Le vite de' più eccellenti pittori, scultori e architettori.* Giunti.

03
프롬프트를 넘어 컨텍스트로

컨텍스트 엔지니어링은 ‘지시’와 함께 ‘근거’를 제시하는 AI 에이전트 시대의 기술이다. 컨텍스트 엔지니어링의 핵심 기법인 올바른 정보를 올바른 시간에 올바른 형식으로 전달하기 위해서 어떤 점을 고려해야 하는지를 설명한다. 도구 로드아웃 관리와 RAG 같은 기법으로 효율성을 높이며, json 형식 사고가 새로운 필수 실력이 되었다.

인공지능과 편향?

'지시'와 함께 '근거'를 제시해 주는 컨텍스트 엔지니어링

전통적으로 한 사람의 실력은 암기 능력이었다. 얼마나 많은 지식을 외우고 있다가 질문에 답할 수 있는지가 실력의 척도였다. 인터넷이 등장하면서 실력의 기준은 암기에서 검색으로 바뀌었다. 관련 정보를 얼마나 빨리 찾아내서 정확히 편집해 내느냐가 실력을 좌우했다. AI시대에 실력을 결정하는 기준은 무엇일까? 이제는 잘 물어보는 것이다. 암기에서 검색으로, 검색에서 질문으로 실력의 기준이 급격히 변했다. 프롬프트를 얼마나 정확히 작성할 수 있느냐가 가장 중요한 능력이 됐다.

생성형 AI가 확산하면서 프롬프트 엔지니어링이란 기술이 생겨났다. 쉽게 말해서 잘 물어보는 기술이다. 프롬프트 엔지니어링은 더 나은 결과물을 얻기 위해 프롬프트에 사용하는 단어나 문구를 조정하는 데 중점을 둔다. 다양한 조건을 달거나 COT(Chain Of Thought, 생각의 고리)와 같은 논리 구조를 이용하기도 한다. 필요한 경우 temperature(선택할 단어의 무작위성을 조절), top_p(생성된 단어 가운데 선택할 가장 높은 확률 범위 지정), max_length(출력되는 response의 최대 길이 지정)와 같은 파라미터를 사용한다. 프롬프트 엔지니어링으로 만들어진 프롬프트는 A4 용지 한 장을 넘어갈 정도로 길어지기도 한다.

프롬프트 엔지니어링은 기본적으로 일회용이다. 일회성 작업이나 콘텐츠 생성에 효과적이다. 예를 들어 "우리 상품을 소개하는 이메일을 작성해 주세요"라고 요청하는 것이 프롬프트의 시작이다. 여기에 "정중하고 친절한 어조로", "핵심 내용을 첫 단락에 요약해서", "상대방의 회신을 유도하도록" 등과 같은 상세한 조건을 추가하는 것이 프롬프트 엔지니어링이다. 이 과정에서 AI는 다른 외부 정보나 이전 대화 기록과 같은 참조할 데이터 없이 오로지 프롬프트로 지시받은 내용에만 의존해서 결과를 생성한다.

여기서 상대방이 보내 왔던 이메일 본문이나 소개할 상품의 설명서를 추가해 주면서 이를 바탕으로 이메일을 작성하도록 하면 이제 컨텍스트 엔지니어링의 단계로 넘어간다. 이메일을 작성하라는 '지시'와 함께 이메일 본문 작성에 활용할 '근거'를 제시해 주는 것이 컨텍스트 엔지니어링이다. 컨텍스트 엔지니어링은 프롬프트 엔지니어링을 하나의 요소로 포함하는 상위 개념이다. 프롬프트 엔지니어링은 '지시'를 담당하고 컨텍스트 엔지니어링은 '근거'를 담당한다. 컨텍스트 엔지니어링의 핵심은 프롬프트(지시)와 컨텍스트(근거)를 분리해서 생각하는 것이다.

기반, 규칙, 계획을 담은 '올바른 정보'

컨텍스트 엔지니어링은 AI 시스템, 특히 대규모 언어 모델(LLM)이 정확하고 신뢰할 수 있는 결과물을 생성하도록 올바른 정보를, 올바른 시간에, 올바른 형식으로 공급하는 프로세스다(LangWatch blog. 2025).

컨텍스트 엔지니어링으로 제공하는 '올바른 정보'에는 ▲기반 컨텍스트 ▲영구적인 규칙 ▲구체적인 작업 계획 등이 있다.

AI가 처음부터 모든 것을 만들게 하기보다 기본적인 템플릿을 제공해 주면 원하는 결과를 보다 정확히 얻을 수 있다. AI는 이렇게 컨텍스트로 제공된 기반(scaffolding)에 사용자가 원하는 내용이나 도구를 추가해 결과물을 만들어 낸다. 또한 AI가 작업을 하는 데 사용할 파일이나 데이터를 추가해 줄 수 있다. 바이브 코딩에서 에러를 처리할 때 에러 기록을 복사해서 프롬프트 창에 붙여 주는 방법은 좋은 예다. 터미널이나 브라우저 콘솔에 나타나는 에러 로그는 기반 컨텍스트가 된다.

진행하는 프로젝트 전체에 대해 규칙을 미리 정해줄

수도 있다. 프로젝트 전체에 적용되는 코딩 스타일, 네이밍 규칙, 핵심 원칙 등을 별도의 파일에 정의해서 컨텍스트로 제공한다. 바이브 코딩 도구로 많이 쓰이는 Cursor의 경우 cursorrules라는 파일에 그 프로젝트 전체에 적용될 규칙을 미리 정리해 둔다. 비유하자면 그 프로젝트에 적용되는 헌법이라고 할 수 있다. 영구적인 규칙을 정해 두는 것은 바이브 코딩에서 AI가 갑자기 엉뚱한 짓을 하는 것을 막고 전체적으로 코딩의 형식을 일관되게 유지하게 해 주는 중요한 컨텍스트가 된다.

구체적인 작업 계획을 체계적으로 정리해서 제공하는 것도 매우 중요하다. 어떤 프로젝트를 진행하더라도 그 첫걸음은 무엇을 만들 것인가를 정의하는 것이다. 이 최초의 정의를 담아 initial.md라는 파일을 만들기도 한다. 프로젝트가 해결하려는 목적, 원하는 기능, 필요한 도구 등을 자세히 기술한다. 그러면 AI는 이 계획과 기존에 가지고 있던 코드베이스, 모범 사례 등을 종합해서 PRP(Product Requirement Prompt)라는 매우 상세하고 구조화된 작업 계획서를 생성한다(Medin, 2025). 이렇게 생성된 PRP는 AI가 작업을 수행하는 데 핵심적인 근거, 즉 컨텍스트가 된다.

필요한 도구, 데이터를 제 때 꽂아주는 타이밍… '올바른 시간'

AI에게 컨텍스트를 '올바른 시간'에 제공하는 것도 중요하다. '올바른 시간'이란 AI에게 필요한 모든 정보를 한 번에 미리 주는 것이 아니라, 작업의 각 단계에서 '필요한 그 순간에' 동적으로 제공하고 관리하는 것을 의미한다(Philschmid blog, 2025).

LLM의 경우 한 차례의 프롬프트를 처리할 때 할당된 메모리의 크기와 주고받는 토큰의 양이 제한돼 있다. 이 제약 속에서 필요한 작업을 효과적으로 수행하기 위해서는 제 때에 필요한 데이터나 도구를 족집게처럼 골라서 꽂아줘야 한다.

AI 에이전트를 기반으로 복잡한 과업을 수행할 때 이 올바른 타이밍은 매우 중요하다. AI 에이전트가 사용할 수 있는 도구가 100개라고 가정해 보자. 이 100개를 한꺼번에 제공하면 AI는 어떤 도구를 써야 할 지 혼란을 겪어 성능이 저하된다. 예를 들어 사용자가 "0.5의 아크코사인(acosx) 값을 계산해 줘"라고 요청하면, 시스템은 수많은 수학 공식 가운데 이 요청과 의미적으로 가장 유사한 수학 관련 도구 5개만 '즉시(on the fly)' 골라서 AI에게 제공한다. 이를 '도구 로드아웃 관리(Tool Loadout

Management)'라고 부른다. 콘텍스트 엔지니어링에 아주 중요한 관리 방식이다.

RAG(Retrieve Augmented Generation)라고 불리는 검색증강생성도 컨텍스트 엔지니어링에 긴요하게 쓰이는 방식이다. 예를 들어 AI가 회사 문서 전체를 뒤져서 답을 해야 한다고 치자. 아예 AI에게 처음부터 회사 문서를 몽땅 학습시키는 방법도 있다. 하지만 문서 가운데 관련된 부분만 골라서 RAG에 담아 주면 훨씬 효율적이다.

회사 전체 문서를 의미 있는 단위로 쪼개고 연관성에 따라 순위를 매겨둔 다음, 사용자의 질문이 있으면 미리 회사 문서를 검색해서 질문에 연관된 조각을 찾아내 RAG에 포함시킨다. 이러면 RAG가 관련된 데이터를 통해 AI로 하여금 결과를 생성하도록 해 주는 '컨텍스트 윈도(context window)' 역할을 맡게 된다(Datacamp blog, 2025). 회사 전체 문서를 미리 다 읽게 하는 것이 아니라, 질문에 답하기 위해 필요한 정보만 '올바른 시간'에 찾아서 컨텍스트로 담아 주는 것이다.

'올바른 형식'… 익숙해져야 할 json 파일 형식

컨텍스트 엔지니어링에서 '올바른 형식'의 기본은 json['제이슨'이라고 읽는다] 파일 형식이다. 우리는 AI 에이전트 시대에 json 파일의 포맷에 익숙해져야 한다. 심지어 데이터나 콘텐츠의 구성을 json 형식으로 쪼개서 생각하는 'json적 사고'를 할 수 있어야 한다.

핵심은 데이터나 콘텐츠의 내용을 사전(dictionary) 형식으로 분해해서 생각하는 것이다. 사전에 수록된 단어와 뜻을 json에서는 키(key)와 값(value)이라고 한다. 콘텐츠의 내용을 '키:값'으로 이뤄진 한 쌍의 객체로 분해해서 나열한다. 값이 여러 개인 경우는 [ ] 괄호로 묶어 준다. 이 모든 객체들을 한꺼번에 { } 괄호로 묶어준 것이 json 포맷의 기본이다.

json 파일은 여러 개의 AI 에이전트가 각자의 작업 결과를 주고받는 표준 형식이다. AI 에이전트가 내부적으로 어떻게 만들어졌든 간에 그 결과를 미리 정해진 json 포맷에 맞게 출력해 주면 다른 AI 에이전트와 소통이 가능해진다. AI 에이전트가 일을 하는 도중에 중간 단계를 수시로 기록해 두도록 설계하는 경우가 많다. 이때 중간 결과를 그때그때 담아 놓는 스크래치패드(scratchpad)에도 json 포맷을 사용해서 결과물의 일관성을 유지할 수 있다. 컨텍스트 엔지니어링의 중요한 기법이다.

무엇보다 AI 에이전트를 만들 때 프롬프트를 아예 json 형식으로 써 주면 작업의 일관성과 지시의 정확도가 크게 높아진다. 이른바 'json prompting'이다. 예를 들어 AI 에이전트가 사용할 모든 도구들을 '도구 이름:기능'으로 짝지어진 json 형식으로 담아서 콘텍스트로 제공한다. AI 에이전트는 작업을 할 때마다 이 json 파일을 들여다보고 필요한 도구를 선택해서 가져가게 된다.

또한 AI 에이전트의 작업 결과를 json 형식으로 출력하도록 강제할 수 있다. Crewai에서 expected_output을 json 포맷으로 정의해 주면 그 결과물을 다른 AI 에이전트나 다른 애플리케이션에 바로 전달할 수 있게 된다. 그래서 프롬프트 자체를 json 형식으로 분해해서 정리할 줄 알아야 한다. 이는 AI 에이전트 시대에 또 다른 실력이다.

참고문헌

Datacamp blog(2025). Context Engineering: A Guide With Examples.
https://www.datacamp.com/blog/context-engineering

LangWatch blog(2025). The 6 context engineering challenges stopping AI from scaling in production.
https://langwatch.ai/blog/the-6-context-engineering-challenges-stopping-ai-from-scaling-in-production

Medin, C.(2025). Context Engineering 101 – The Simple Strategy to 100x AI Coding. YouTube.

https://www.youtube.com/watch?v=Mk87sFlUG28&list=TLGGDmXGVIZNv6gxODA5MjAyNQ&t=2s

Philschmid blog(2025). The New Skill in AI is Not Prompting, It's Context Engineering.
https://www.philschmid.de/context-engineering

04
모달리티를 이해하라

AI가 처리하는 데이터 형식 '모달리티'를 이해하는 것은 AI 에이전트 시대의 필수 상식이다. 텍스트 파일부터 이미지까지, 용도별 최적 선택법과 각각의 장단점, 표현–정렬–추론–생성–전이로 이어지는 멀티모달 처리 과정, 그리고 모든 모달리티를 자유자재로 변환하는 AI의 마술 같은 원리까지. 모달리티 이해의 핵심 포인트들을 설명한다.

청각장애인과 AI?

인공지능이 처리하는 데이터 형식 '모달리티'

'멀티모달 AI(multimodal AI)'는 점점 사람을 닮아가고 있다. 사람은 읽고 보고 듣고 말하고 냄새 맡고 촉각을 느낀다. 인지과학에서 이 같은 인간의 감각 처리 방식을 '모달리티(modality)'라고 불렀다.

컴퓨터 기술에 인공지능이 등장하면서 AI는 점점 다양한 데이터 형식을 처리하게 됐다. 텍스트뿐만 아니라 이미지, 음성, 동영상이 대표적이다. 여기에 머무르지 않는다. 생성형 AI가 처리하는 데이터에는 분자 구조(molecules)와 로봇 동작(robot action)도 있다. 이처럼 인간이 다중 감각으로 정보를 처리하듯이 AI도 여러 형태의 데이터를 처리하면서 AI가 처리하는 데이터 형식도 '모달리티'라고 부르게 됐다.

AI 에이전트 시대에는 AI가 어떤 모달리티를 어떤 방식으로 처리할 수 있는가를 명확히 이해해야 한다. AI 에이전트로 어떤 일을 할 수 있을지를 상상하고 발상하는 출발점이기도 하다. 컨텍스트 엔지니어링에서도 마찬가지다. 만들고자 하는 앱의 목적에 따라 가장 빠르고 정확한 결과를 얻기 위해서 어떤 포맷의 모달리티를 컨텍스트로 제공하는 것이 알맞을 지 판단해야 한다. 모달리티에 대한 이해는 AI 에이전트 시대에 갖춰야 할 필수 상식이다.

효율성 높은 텍스트 파일… markdown, XML

가장 기본적인 모달리티는 텍스트다. 텍스트를 처리할 때 어떤 파일 형식을 사용해야 하는지부터 정확히 알아야 한다. 파일 형식에 따라 효율과 정확도가 크게 달라지기 때문이다. AI가 가장 정확하고 빠르게 처리할 수 있는 텍스트의 형식은 어떤 것일까? 답은 단순하지 않다. 용도에 따라 그 형식이 달라져야 한다. ▲단순 내용이 중요한 경우 ▲문서의 구조가 중요한 경우 ▲표나 그래프가 포함된 복잡한 문서인 경우로 나눠서 생각할 수 있다.

단순 내용이 중요한 경우는 일반 텍스트 파일(.txt)이 가장 효율적이다. 파일 크기가 가장 작다. 당연히 처리 속도도 다른 형식에 비해 가장 빠르다. 호환성도 좋다. 제한적이기는 하지만 체계적으로 번호를 붙인 제목이나 단락의 들여쓰기 패턴을 인식해서 문서의 구조 체계도 파악할 수 있다. 하지만 표나 그래프의 처리가 불가능하다. 또한 문서에 포함돼 있는 작성일, 문서 분량, 스타일 정보 등 메타데이터나 링크, 이미지 등을 보전할 수 없는 결정적인 단점이 있다. 그야말로 텍스트로 된 내용 분석에만 쓸 수 있는 파일 형식이다.

텍스트 파일보다 더 효율적인 텍스트 형식으로 markdown이 있다. markdown에서는 #의 개수로 구분되는 제목 체계를 이용해서 명시적이고 단순한 문서 구조를 정의할 수 있다. 파일 크기도 텍스트 파일 못지않게 작다. 따라서 처리 속도도 빠르다. 링크도 특정한 형식으로 포함시킬 수 있다. 특히 문서의 구조와 내용이 중요한 경우 markdown은 최선의 선택이다. 다만, 처리할 수 있는 표의 구조가 단순한 행과 열만 가능할 뿐 병합된 셀이나 중첩된 표 등 복잡한 표는 불가능하다.

문서의 구조나 내용, 링크, 메타데이터까지 모두 처리할 수 있는 형식은 HTML이나 XML이다. 모든 정보를 태그로 감싸서 구분해 정의하는 방식이기 때문에 AI가 태그를 보고 그 정보의 성격, 내용, 형태를 명확하게 인식한다. 태그를 XML 형식으로 직설적인 단어로 정의해 주면 어떤 정보라도 AI에게 정확히 전달할 수 있다. 특히 표의 경우 〈table〉, 〈tr〉, 〈td〉와 같은 태그로 일일이 정의할 수 있어서 가장 효과적이다. 앱 개발을 위한 기획 문서인 PRD 작성에 XML이 많이 쓰이는 이유다.

PDF 문서는 글씨 모양의 그림일 뿐… 복잡한 문서는 MS Word로

PDF는 고려할 사항이 많다. AI에게 PDF 문서는 글씨 모양의 그림일 뿐이다. 이를 광학적 처리(OCR)를 통해서

한 글자씩 읽어 내 컴퓨터가 인식할 수 있는 텍스트로 바꾼다. 이 과정에서 문서의 구조 정보, 즉 제목 체계는 전달되지 않는다. 다만 AI가 문서 상태를 분석해서 어디서 단락이 구분될 것인지 추론해 내는 방식으로 문서 구조를 적용한다. 따라서 문서 구조가 정확하지 않고 아예 단락 구분이 없는 평문으로 처리하는 경우가 많다. 컴퓨터로 작성된 문서는 구조 분석 추론이 작동하지만 인쇄된 상태의 문서를 스캔한 PDF 파일의 경우는 제목 체계가 아예 전달되지 않는다. 표나 그래프를 처리하는 데도 한계가 있다.

문서의 내용, 구조, 그리고 표와 그래프까지 모두 처리할 수 있는 텍스트 모달리티 형식은 MS Word 파일이다. MS Word 파일은 제목 폰트의 크기와 형태를 포함한 구조적 메타데이터를 완벽하게 보존하고 제목, 목록, 표 등 명확한 계층 구조를 가지고 있다. 문서 구조를 정확히 파싱(parsing)하는 것은 문서 처리 결과의 정확도를 높이는 중요한 요인이다. 이미지와 그래프도 그대로 포함할 수 있다. 다만, MS Word 파일에 들어 있는 이미지와 그래프를 인식하고 처리할 수 있느냐는 그 AI의 성능에 달려 있다.

MS Word 파일의 단점은 파일 크기가 크다는 것이다.

또한 문서에 포함돼 있는 복잡한 서식 메타데이터가 오히려 노이즈(noise)가 돼서 문서 내용 분석에 방해가 되는 경우가 있다. 또한 ChatGPT, Claude, Microsoft Copilot 등 주요 AI 서비스에서는 MS Word 파일을 지원하지만 많은 오픈소스 기반의 소규모 AI 서비스에서는 아예 업로드 자체가 안 되는 경우가 많다.

정리하자면 텍스트 모달리티를 처리하고자 할 때 ▲구조 분석이 중요한 경우는 markdown, MS Word, HTML 파일의 순으로 ▲단순 내용 분석이 중요한 경우는 일반 텍스트, Markdown, MS Word 파일의 순 ▲표나 그래프가 포함된 복잡한 문서의 경우는 MS Word, HTML, PDF 순으로 사용하는 것이 좋다.

이미지를 보고 읽는 AI

이미지는 텍스트 다음으로 많이 쓰이는 모달리티다. AI는 이미지를 특별한 방법으로 처리한다. 생성형 AI는 'text to image' 방식으로 프롬프트를 입력하면 그림으로 그려 낸다. 그러나 이것만 알아서는 안 된다. 생성형 AI가 이미지를 처리하는 실력은 그림을 그려 내는 수준을 훨씬 뛰어넘는다. 마치 포토샵처럼 배경색을 바꾸거나 파일 형식을 변경하는 등 프롬프트 입력으로 이미지를 수정해 주기도 한다.

AI로 이미지 모달리티를 처리할 때 새로운 발상이 필요하다. AI가 이미지를 보고 읽을 수 있기 때문이다. 이미지 속에 들어있는 텍스트를 추출하거나 이미지 속에 어떤 요소가 들어있는 지를 파악한다. 이렇게 추출된 결과를 텍스트나 이미지 등 다른 모달리티로 연결하고 종합해서 새로운 종합적인 이해를 도출한다.

예를 들어, 이미지 속에 고양이가 있다면 AI는 고양이 형상을 파악하고 이를 '고양이'라는 텍스트로 매칭한다. 그러고는 고양이에 대한 정보를 찾아서 고양이의 품종을 알아내거나 고양이에 대한 새로운 이야기를 쓰기도 한다. 바이브 코딩에서 에러가 발생한 브라우저 화면을 그대로 캡처해서 프롬프트 창에 컨텍스트로 제공하면 커서와 같은 코딩 도구가 캡처 이미지를 보고 어떤 에러가 발생했는지를 파악하는 것도 AI가 이미지를 읽어 내는 대표적인 사례다.

표현-정렬-추론-생성-전이로 이어지는 이미지 처리 과정

AI가 이미지를 처리하는 단계는 표현(Representation), 정렬(Alignment), 추론(Reasoning), 생성(Generation),

전이(Transference)로 이뤄진다(Stryker, 2024). '표현' 단계는 AI가 이미지를 이해할 수 있는 형태로 변환하는 과정이다. 멀티모달 AI는 이미지의 특징을 추출하기 위해 CNN(합성곱 신경망)과 같은 특화된 인공지능 모델을 사용한다. 이미지를 읽는 일은 바로 이 CNN 신경망 모델이 담당한다. 이미지를 구성하는 픽셀 데이터에서 선, 모양, 질감, 객체 등 의미 있는 시각적 요소를 식별한다.

이렇게 추출된 이미지의 특징은 텍스트나 오디오 등 다른 모달리티가 배치돼 있는 잠재 공간으로 변환된다. 이 거대한 차원의 잠재 공간에는 텍스트와 이미지, 동영상 등 다양한 모달리티가 한꺼번에 통합돼 있다. 이 잠재 공간 속에서 고양이 이미지는 '고양이'라는 텍스트나 고양이 울음소리를 담은 오디오와 연결된다. 이 과정을 '정렬'이라고 부른다.

이렇게 융합된 데이터를 바탕으로 AI는 새로운 추론 단계를 거쳐서 새로운 지식을 구성한다. 고양이 이미지인 줄을 알았으니 고양이에 대한 질문에 답하거나 고양이라는 텍스트에 맞는 새로운 정보를 만들어 낸다. '추론'과 '생성'의 과정이 잇달아 진행되는 것이다.

에러 화면 캡처 이미지를 가지고 에러를 디버깅하는 과정도 똑같다. 사진을 바탕으로 레시피를 만들어 내고 새로운 스토리를 생성하는 것도 그래서 가능해진다. 서로 다른 모달리티 사이에 지식을 전달하는 것이다. 이렇게 한 가지 유형의 모달리티에서 학습한 지식을 전혀 다른 모달리티와 관련된 작업에 활용할 수 있도록 하는 '전이'가 일어난다.

모든 모달리티가 통합된 다차원 잠재 공간의 마술

사실 표현-정렬-추론-생성-전이로 이어지는 멀티모달 처리 과정은 동영상, 오디오 등 다른 모달리티에도 똑같이 일어난다. 같은 원리로 동영상 속의 음성을 인식해서 텍스트로 변환하고, 이 텍스트를 요약하거나 보충 설명을 생성하는 것이 가능해진다.

텍스트로 된 블로그 문서나 인쇄된 책을 스캔한 이미지, 유튜브에 올라와 있는 동영상 파일, 팟캐스트 음성 파일 등 모달리티는 다르지만 AI가 처리하는 데는 차이가 없다. 어떤 형태의 데이터든지 똑같이 분석하고 이해하고 요약하고 설명해 줄 수 있다. 모든 모달리티가 거대한 다차원 잠재 공간에 통합돼서 배치돼 있기 때문이다. AI는 그 속에서 거리를 계산해서 필요한 모달리티를 엮어낼 뿐이다. 그래서 텍스트를 이미지로, 이미지를 동영상으로, 동영상을 다시 텍스트로, 모달리티 사이에 얼마든지 변환이 가능한 마술을 보여 준다.

멀티모달 처리 방식을 이해하는 것은 AI 에이전트 시대에 매우 중요한 상식이다. AI가 단순한 '스마트 소프트웨어'를 넘어 우리와 자연스럽게 소통하고 복잡한 현실 세계의 문제를 해결하는 진정한 '전문가 조수(expert assistant)'로 발전하는(Google Cloud) AI 에이전트의 핵심 원리를 파악하는 것이기 때문이다. 이를 바탕으로 우리는 보다 직관적인 인터페이스를 만들거나 더 복잡한 현실 세계의 문제를 해결하는 AI 에이전트를 구상할 수 있게 된다.

참고문헌

Google Cloud. Multimodal AI: Generate text, code, video, audio, and images from virtually any content type. https://cloud.google.com/use-cases/multimodal-ai

Stryker, C.(2024). What is multimodal AI?. IBM. https://www.ibm.com/think/topics/multimodal-ai

05
워크플로 정의가 진짜 실력

단순한 업무 자동화를 넘어 지능이 결합된 'AI 워크플로'가 비즈니스 현장의 판도를 바꾼다. 스스로 학습하고 적응하며 자율적으로 대응하는 새로운 차원의 업무 처리가 시작됐다. 워크플로 매핑부터 인사 · IT · 영업 · 마케팅 · 재무 등 무궁무진한 적용 분야, 그리고 AI 시대에도 여전히 중요한 인간의 역할까지. AI 워크플로의 이해를 위한 요점을 설명한다.

AI 콘텐츠 크리에이터?

폭발적 잠재력 가진 'AI 워크플로'

AI 에이전트는 사람을 대신해서 점차 복잡한 일을 처리한다. 업무 현장에서 AI 에이전트가 처리할 수 있는 과업은 한 두 건의 개별적인 일만이 아니다. 현실적으로 하나의 업무는 여러 단계의 처리 과정을 거쳐서 최종 결과를 만들어 내는 일련의 흐름으로 이뤄져 있다. 이 흐름을 '워크플로(workflow)'라고 한다. AI 에이전트는 이 워크플로의 일부 또는 전부를 담당한다. 이를 'AI 워크플로'라고 부른다. AI 워크플로는 비즈니스 현장에서 폭발적인 잠재력을 가지고 있다.

워크플로는 정해진 목표를 달성하기 위해 특정한 순서에 따라 실행되는 과업들을 배열해서 여러 차례 적용할 수 있도록 정의한 업무의 흐름이다. 이는 단순한 업무의 나열이 아니라 단위 업무나 업무의 흐름에서 담당자의 역할, 책임, 의존성을 명확히 해서 전체 프로세스의 구조를 정하는 것이다. 여기에 AI를 적용해서 업무의 효율을 극적으로 끌어올릴 수 있게 된다. 따라서 AI 에이전트 시대에 워크플로를 정의하는 능력은 업종을 가리지 않고 업무 현장에서 가장 중요한 실력이 된다.

지능이 결합된 업무 자동화… 시작은 '워크플로 매핑'

AI 워크플로를 성공적으로 정의하고 구현하기 위해서는 기술적인 측면을 넘어 비즈니스 프로세스, 데이터, 그리고 사람에 대한 깊은 이해가 필요하다. 기존 업무용 소프트웨어가 단순히 기존 업무를 자동화하는 데 그쳤다면, AI 워크플로는 의사 결정과 학습 능력을 비즈니스 프로세스에 접목하는 것이기 때문이다.

핵심은 AI 기반 기술을 이용해서 조직 내 업무 처리 과정을 간소화하고 최적화하는 것이다. 이는 머신 러닝(ML), 자연어 처리(NLP), 생성형 AI 모델과 같은 기술을 통해 시스템이 과거 데이터와 패턴을 학습하고, 상황을 이해하며, 예측하고, 자율적으로 의사 결정을 내리는 것을 포함한다(Lance, 2025). 예를 들어 AI는 예측 불가능했던 질문에 대해 답변을 제시하거나, 데이터 흐름을 스스로 관리하고, 실시간으로 데이터를 분석해 결과를 수시로 제공할 수 있다.

AI 워크플로는 컴퓨터 프로그램을 이용한 전통적인 업무 자동화와는 차원이 다르다. 가장 큰 차이는 적응성과 학습 능력이다. 에이전틱 AI(Agentic AI)가 급속히 발전하면서 AI 워크플로는 머신 러닝과 AI 모델들을 통합

했다. 이로써 전통적인 자동화를 훌쩍 뛰어넘어 스스로 적응하고 학습하고 지적인 결정을 내릴 수 있게 됐다(PEGA platform). 예를 들어, 전통적 컴퓨터 자동화 시스템은 규칙이 바뀌면 사람이 직접 워크플로를 수정해줘야 한다. 그러나 AI 시스템은 프로세스의 변화나 새로운 요구에 지능적으로 적응하면서 예측하지 못했던 상황이 발생해도 사람의 개입 없이 스스로 대응할 수 있다(Moveworks blog, 2025).

AI 워크플로를 정의할 때 그 첫 단계는 AI가 없는 상태에서 현재의 워크플로를 이해하는 것이다. 업무 프로세스의 자동화를 위해서는 먼저 수동 프로세스가 어떻게 작동하고 있는지를 정확히 파악해야 한다. 이를 위해서는 현재 워크플로를 구성하는 작업 단계를 단위별로 쪼개서 문서화하고 그 흐름을 흐름도(flowchart)로 그려봐야 한다.

워크플로는 단계별로 별개의 과업으로 이뤄져 있기 때문에 다이어그램이나 흐름도로 쉽게 그릴 수 있다. 이 과정에서 그때까지 알지 못했던 에러가 자주 발생하는 단계나 병목 현상, 중복 작업, 비효율성이 발견될 수 있다(IBM blog). 이 작업을 '워크플로 매핑(workflow mapping)'이라고 부른다. 이 과정을 통해 어떤 작업을 자동화할 것인지, 어디에 AI 에이전트를 적용할 것인지를 결정할 수 있게 된다.

인사, IT 개발, 영업, 마케팅, 재무… 무궁무진한 AI 워크플로 적용 분야

모든 프로세스를 한 번에 자동화할 수는 없다. 투자 대비 효과(ROI)가 가장 큰 부분을 우선 대상으로 선정해야 한다. 실제 업무 내용은 극도로 다양할 수밖에 없지만 AI를 이용한 자동화 대상 업무의 공통적인 특성은 다음과 같다.

- 반복적이고 시간이 많이 소요되는 작업(Lance, 2025).
- 인적 오류가 발생하기 쉬운 데이터 집약적 작업(Lance, 2025).
- 예측 가능한 질문과 답변으로 구성된 작업(Lance, 2025).
- 프로세스가 명확하고 표준화된 작업(Trovato, 2025).

인사 관련 업무는 채용부터 퇴사까지 직원 전체 생애주기에 걸쳐서 반복적인 업무가 많아 AI 워크플로 자동화의 효과가 큰 영역이다. 신입 직원을 회사에 '온보딩'하는 프로세스, 휴가 신청이나 복리 후생 등록과 같이 일상적이고 반복적인 업무, 직원들의 성과 검토 및 관리 등이 좋은 예다.

IT 개발 업무 분야는 더 말할 것도 없다. 예를 들어보자. 통상적인 IT 서비스 관리를 포함해서 하드웨어 수명 관리, IT 지원을 요청하는 티켓을 과제 유형에 따라 자동으로 최적의 담당자에게 전달한다. 코드를 개발하는 과정에서 코드 변경 사항을 자동으로 테스트하고 메인 코드베이스에 통합한다. 그뿐 아니라 코드를 자동으로 작성하고 작성된 코드를 스스로 테스트한다. 또한 개발 관련 문서들을 자동으로 생성할 수 있다.

영업과 마케팅에서도 적용 부분은 무궁무진하다. 고객의 리드를 평가해서 구매 가능성이 높은 고객을 식별한다. 특정 기준을 충족하는 리드를 영업 담당자에게 자동으로 할당한다. 회의 일정을 조율하고 견적서를 생성하거나 고객과의 커뮤니케이션을 위한 이메일 등 문서를 자동으로 만들어 낸다. 고객으로부터의 피드백을 정성적으로 판단해서 아무리 많은 건수라도 그 톤에 맞는 최적의 회신 내용을 실시간으로 생성한다.

데이터 집약적이고 정확성이 필수적인 재무 분야에서 AI 워크플로는 오류를 줄이고 프로세스 속도를 높이는 데 기여한다. 송장이 접수되면 OCR를 통해 송장 데이터를 추출한 뒤 구매 주문서와 대조해서 확인이 완료되면 자동으로 대금을 결제하고 회계 기록까지 바로 업데이트한다. 경비 집행에서 정해진 금액 이하의 경비는 자동으로 즉시 승인하고 그 이상의 금액은 관리자에게 전달해서 일상적인 재무 결정을 신속하게 처리한다. 나아가 송장 발행이나 지급 계정 활동을 상시 감시하면서 잠재적인 사기나 재무 부정 사례를 식별할 수도 있다.

정제된 데이터 확보, 인적 역할 정의도 AI 워크플로 필수 요건

AI 에이전트를 적용해서 자동화할 대상이 선정되면 여기에 필요한 데이터를 확보해야 한다. AI 모델은 학습 데이터의 품질에 따라 성능이 좌우된다. '쓰레기를 넣으면 쓰레기가 나오는(Garbage In, Garbage Out)' 것은 데이터를 기반으로 작동하는 AI에게 피할 수 없는 한계다. 무엇보다 정제된 데이터를 확보해야 한다. 부정확하거나 일관성이 없는 데이터를 사용하면 AI가 처리하는 과정에서 오류가 발생하고 예외적인 상황이 늘어난다. 최대한의 데이터 클리닝 및 최적화 작업을 거쳐야 한다. 그 다음에 AI가 이 정제된 데이터에 접근할 수 있도록 API 등을 설정해서 시스템 간의 연결을 확보한다.

AI 워크플로에 사용되는 데이터는 대외적으로 보안이 요구되는 민감한 정보일 수 있다. 또한 윤리적인 고려가 필요한 경우도 있다. 많은 경우 기업은 외부 AI 모델과 공유할 수 없는 민감한 정보를 보유하고 있다. 따라서 워크플로를 설계하는 초기 단계부터 법률 및 보안 전문가를 참여시켜서 보안 대책을 미리 확립해야 한다. 데이터 개인정보 보호 규정을 준수하고 데이터 유출을 방지하는 등 구체적인 장치를 미리 마련해야 한다.

보안뿐만이 아니다. 윤리적인 고려도 필수적이다. AI가 학습에 사용하는 데이터에 근본적으로 내재된 편견이 있을 수 있다. AI는 데이터 학습 과정에서 내재된 편견을 강화해서 신입 직원 채용이나 고객 서비스 등에서 불공정한 결정을 내릴 수 있다. 특히 인사 관련 업무에서 AI가 편견을 학습하지 않도록 데이터 상태를 면밀히 확인해야 한다. 불공정 가능성이 있다고 판단되는 경우 그에 해당하는 업무는 AI 자동화에서 배제해야 한다.

기술 도입에 따른 변화 관리 또한 AI 워크플로 정의에 빠져서는 안 되는 인적 요소다. 새로운 기술의 도입, 특히 AI의 도입은 조직 구성원의 저항에 부딪칠 수 있다. 자동화가 일자리를 대체할 것이라는 두려움은 자연스러운 반응이다. 이런 우려를 해소하고 직원들을 설득하는 것도 AI 워크플로를 정의하고 실행하는 중요한 단계다. AI가 직원을 대체하는 것이 아니라 반복적인 업무를 줄여 더 창의적이고 전략적인 고부가가치 업무에 집중하도록 돕는다는 점을 명확히 소통해야 한다(Moveworks blog, 2025).

사람의 역할은 또 있다. AI는 예외적인 상황(edge case)을 처리하는 데 약하다. 예를 들어, 대금을 결제하고 관련된 회계 기록을 업데이트하는 AI 에이전트는 미리 학습된 상황과 동떨어진 예외적이거나 불일치 상황을 만나면 사람이 확인할 수 있도록 신호를 보내야 한다(Lance, 2025). 언제 어느 상황에서 사람이 개입하도록 할 것인지를 미리 AI 워크플로에 반영해 둬야 하는 것이다. AI 서비스에서 필수적인 요소인 'Human in the Loop'는 여기서도 여전히 중요하다.

참고문헌

IBM blog. What is a workflow?.
https://www.ibm.com/think/topics/workflow

Lance, L. L.(2025). AI Workflow Automation: 5 Best Practices & Simple Examples. The Digital Project Manager.
https://thedigitalprojectmanager.com/productivity/ai-workflow/

Moveworks blog(2025). AI Workflow Automation: How AI Agents Can Improve Business Process Automation. https://www.moveworks.com/us/en/resources/blog/what-is-ai-workflow-automation-impacts-business-processes

PEGA platform. AI workflows : Leveraging AI to automate and optimize business operations. https://www.pega.com/ai-workflows

Trovato, S.(2025). Master your workflow: How to streamline tasks and boost productivity. Monday blog. https://monday.com/blog/productivity/workflow/

06
시작부터 세계로 'Born-Global'

100개 이상 언어를 지원하는 LLM의 등장으로
영어권 중심의 앱 생태계가 재편되고 있다.
생성형 AI와 i18n의 결합으로 완성된 진정한
다국어 서비스, 앱 개발 초기부터 i18n을
디폴트로 설정해야 하는 이유,
언어 · 감성 · 지식을 모두 반영하는 다국어
챗봇 구현 사례까지. Born-Global로 비즈니스
모델 자체를 혁신할 기회를 제시한다.

AI와 민주주의?

데이터와 알고리즘으로 쌓아 올린 '생성형 AI 바벨탑'

인간은 다시 한번 바벨탑을 쌓았다. 태고의 시절, 돌과 역청이 아니라 데이터와 알고리즘으로 새로운 바벨탑을 쌓아 올렸다. 바벨탑이 무너지면서 인간은 수많은 언어로 쪼개져 서로 다른 언어의 장벽에 막혀서 서로 단절됐다. 그러던 인간이 이제 생성형 AI라는 새로운 바벨탑을 쌓아 그 장벽을 넘어섰다. 생성형 AI가 몰고 온 혁신은 한두 가지가 아니다. 그중에 필자가 가장 주목하는 점은 바로 언어의 장벽을 무너뜨렸다는 것이다.

실제로 현재 상업적으로 서비스되고 있는 대부분의 LLM은 100개 이상의 언어를 지원한다. 챗지피티의 경우 영어 스페인어 프랑스어 독일어 중국어 일본어를 최상위 계층(top-tier)으로 지원하면서 '원어민에 가까운 성능(near-native performance)'을 제공한다. 2차 계층(second-tier)에는 한국어를 비롯해 포르투갈어 이탈리아어 네덜란드어 러시아어 아랍어가 포함되며, 대부분의 비즈니스 애플리케이션에서 '높은 품질(high quality)'을 유지한다(Aloa blog, 2025). 그 밖에도 일상적인 질의응답 및 번역이 가능한 수준의 언어도 대략 50~70개에 이른다.

전통적 컴퓨터 환경은 물론 SNS 환경에서도 애플리케이션의 중심은 영어권이었다. 미국을 중심으로 한 영어권에서 개발된 앱들이 마치 앱의 표준인 양 세계를 휩쓸었다. 한국을 비롯한 비영어권에서 만들어진 앱들은 각 언어권의 로컬 서비스에 머물렀다. 그러다 보니 출발선부터 차이가 났다. 영어권에서는 개발 초기부터 글로벌 시장을 겨냥하는 것은 당연한 일이었다. 이에 비해 비영어권에서는 로컬 시장을 타깃으로 시작했다가 추후 영어 버전을 추가해서 글로벌 시장 진출을 노리는 단계적 접근이 일반화됐다. 이제 이 고정관념에서 벗어나야 한다.

끊임없이 이어져 온 국제화의 노력 'i18n'

일찍이 컴퓨터 서비스의 세계화를 위한 시도는 끊임없이 이어져 왔다. 1987년에 유니코드(Unicode)가 나오면서 모든 언어를 하나의 통합 문자 체계로 표기하는 기준이 정착됐다. 이후 1999년에는 ICU(International Components for Unicode)가 오픈소스로 공개되면서 나라마다 서로 다른 날짜나 숫자, 통화 값 등의 서식을 지정하고 구문 분석을 위한 지역별 패턴을 표준화된 라이브러리로 제공했다.

2003년부터는 각 언어와 지역별 서식 데이터를 담은 공개 저장소인 CLDR(Common Locale Data Repository)이 제공되면서 각 언어의 실제 규칙을 공통 데이터로 쓰는 생태계가 자리 잡았다(Unicode.org, 2025). 그 후 인터넷 상에서 구현되는 웹 표준 측면에서 W3C가 웹 기술 전반에 다국 언어 지원 가이드를 제공하고 검토하는 역할을 맡아 왔다. 유니코드, ICU, CLDR, W3C의 역할은 서로 긴밀하게 연결돼 있다. 이 기술들이 현재 우리가 경험하는 애플리케이션이나 웹 서비스의 국제화를 가능하게 한 근간이 됐다.

이 모든 국제화의 노력을 'i18n'이라고 부른다. i18n은 'internationalization'이란 단어의 줄임말로 i와 n 사이에 있는 18개의 알파벳을 숫자로 줄여서 표기한 것이다. 기술적으로 i18n을 구현하기 위해서는 앱이나 웹페이지에서 고정된 콘텐츠가 표시되는 자리를 키로 지정하고, 그 키에 여러 나라 언어로 된 값을 매칭해 두는 방식을 쓴다. 예를 들면 "환영합니다"라고 표시 될 위치를 welcome.title이라는 키로 지정해 두고, json 파일에 "welcome.title": "환영합니다"라고 저장해 두는 방식이다.

이렇게 여러 언어별로 표기되는 값을 json 파일로 따로 저장해 둔다. 어떤 언어의 값을 표시할 것인지는 사용자의 환경에 달려 있다. 사용자가 앱을 열 때 그 기기(device)나 브라우저에 사용자가 설정해 놓은 언어를 감지한다. 감지된 언어에 따라 그 언어의 값을 키 위치에 표시해 준다. 같은 앱이라도 한국어를 기본 언어로 설정한 사용자는 한국어로 보게 되고, 일본인이지만 브라우저를 영어로 설정해서 쓰는 사용자는 영어로 된 화면을 보게 된다.

앱 개발 초기부터 '디폴트'로 설정해야 하는 'i18n' 적용

그럴 듯한 접근이다. 하지만 이는 반쪽짜리 국제화에 그쳤다. 이 방법을 쓰면 앱이나 웹페이지에 고정적으로 나타나는 메뉴나 링크 이름, 안내문 등 정적 데이터(static data)는 서로 다른 언어로 표시할 수 있었다. 하지만, 사용자의 요구에 따라 시스템이 만들어 내는 서비스 요체는 다른 언어로 보여줄 수가 없었다. 서비스 본문 같은 동적 데이터(dynamic data)를 그때그때 다른 언어로 번역하기가 어려웠기 때문이다. 굳이 구글 번역기 같은 번역 엔진을 API로 연결해서 바꿔주는 방법도 있었지만 그 번역의 품질과 속도와 안정성이 실제 서비스로 제공하기에는 유의미하지 못했다.

이 지점에서 생성형 AI는 획기적인 해결책이 됐다. 동적 데이터를 얼마든지 실시간으로 어느 나라 언어로도 번역해서 생성해 주기 때문이다. 그러니까 i18n 방식과 생성형 AI를 결합하면 애플리케이션의 고정 메뉴나 새로 생성되는 서비스 본문까지 가릴 것 없이 앱 전체를 원하는 언어로 모조리 바꿔서 보여줄 수 있게 됐다. 마침내 진정한 i18n이 구현되기에 이르렀다.

여건이 바뀌었으면 생각도 변해야 한다. 이제 AI 에이전트 앱을 만들 때 처음부터 Born-Global로 시작해야 한다. 생성형 AI 환경이 만들어 준 기회다. 앱 기획 단계부터 i18n을 디폴트(default)로 설정하는 것을 잊지 말아야 한다. 아니 이것이 당연한 일이 돼야 한다. 요즘 앱 개발에 사용되는 React/Next.js나 Python 기반의 Django, Flask 등 웬만한 프레임워크는 i18n을 구현해 주는 패키지를 내장하고 있다. 따라서 개발 첫 단계부터 i18n을 적용할 것을 명백히 지시해야 한다. 이와 함께 지원할 언어의 종류를 열거하고, 지정한 언어 외의 언어가 감지되면 영어를 디폴트로 표시하도록 조건을 지어준다.

이렇게 해 두면 바이브 코딩 도구들은 정적 데이터 부분을 의미 단위의 키로 설정한다. 그 키를 보면 그 위치에 표시될 내용이 어떤 것인지 알 수 있다. 그리고 여기에 매칭해서 그 위치에 표시될 내용을 json 파일에 값으로 저장한다. 처음부터 i18n을 설정해야 하는 이유는 분명하다. 이렇게 해 두면 기존 메뉴 이름을 수정하거나 새로운 텍스트를 추가하는 경우 어느 나라 언어로 작업을 하더라도 지정된 모든 언어의 키와 값이 별도의 작업 없이 자동으로 그리고 동시에 업데이트된다.

언어, 감성, 지식까지 반영해서 대화하는 '챗봇'

동적 데이터가 표시되는 부분은 플레이스홀더(placeholder) 방식으로 변수를 지정해 둔다. 애플리케이션의 프런트에 플레이스홀더를 지정하고, 백엔드 시스템 파일에서 AI 에이전트의 태스크를 정의하는 프롬프트에 표시할 내용을 정해준다.

적용할 언어의 종류를 결정하는 방법에는 두 가지가 있다. 먼저 사용자가 입력한 언어의 종류를 감지하는 AI 에이전트를 배치해서 LLM 모델이 언어를 판별하는 방법이다. 둘째는 유니코드를 바탕으로 언어별 패턴을 지정하거나 또는 언어별로 많이 쓰이는 키워드 패턴을 하드코드로 나열해서 이와 대조한 평점에 따라 언어를 판별한다. 그리고는 판별된 언어를 기준으로 AI 에이전트가 생성하는 결과를 변환해서 출력하도록 한다.

다국어 챗봇을 예로 들어보자. 하드코딩 방식은 이렇다. 미리 백엔드 파일에 japanese_pattern = r'[ひらがなカタカナ]'과 같은 형식으로 코드를 입력해 둔다. 사용자가 채팅 창에 질문을 입력하면 하드코딩된 언어 패턴과 대조한다. 일본 문자가 많다고 판단되면 입력 내용이 일본어임을 알아차린다.

AI 에이전트를 이용할 수도 있다. 언어 감지 AI 에이전트는 입력 내용의 일정 구간을 떼어내 gpt3.5와 같이 속도가 빠르고 비용이 저렴한 모델에 전송해서 일본어라는 판정을 금방 받아 낸다. 동시에 감성 분석 AI 에이전트가 작동한다. 입력 내용 전문을 분석해서 단순 질문인지 불만인지 감사 표시인지 등 그 어조를 알아낸다. 이 감성 분석 AI 에이전트가 판정한 감성에 따라 답변 내용을 어떤 톤으로 생성할 것인지 그 어조를 결정한다. 이 과정은 언어 감지 에이전트와 동시에 병렬로 실행된다.

이제 답변 생성 AI 에이전트 차례다. 언어의 종류, 답변의 어조를 넘겨받은 AI 에이전트는 미리 저장돼 있는 지식 파일을 참조한다. RAG 방식이다. 지식 파일에는 회사나 상품에 관한 자세한 정보가 담겨 있다. 지식 파일은 json 포맷으로 돼 있어 매우 안정적이다. 답변 생성 AI 에이전트는 이렇게 선택된 톤과 지식 파일을 이용해서, 증강 검색한 내용을 바탕으로, 미리 감지된 언어로, 답변을 생성한다. 다국어 챗봇은 언어 감지 에이전트, 감성 분석 에이전트, 답변 생성 에이전트가 협업해서 사용자가 어떤 나라 말로 물어보든지 회사나 상품에 대한 정보를 그 나라 말로 정확하게 답해 준다[이 챗봇은 필자가 직접 개발한 〈고도화 사회 이니셔티브〉 홈페이지(www.advancedsocietyinitiative.com)에 구현돼 있다].

비즈니스 모델 자체를 글로벌로 확장하는 기회

챗봇만이 아니다. AI 에이전트 방식으로 애플리케이션을 구축하면 이 앱이 제공하는 모든 콘텐츠를 다국어로 생성할 수 있다. 앱에 표시되는 메뉴, 안내문 등 고정 데이터를 i18n 방식으로 현지화시키고, 모든 동적인 서비스 콘텐츠를 AI 에이전트가 만들어 내면 어느 나라 사람이라도 자신의 언어로 이 앱을 사용할 수 있다. 그 앱이 어느 나라에서 만들어졌더라도.

이는 단순히 번역을 추가하는 수준을 넘어 비즈니스 모델 자체를 혁신하는 기회를 제공한다. 실제로 이렇게 현지화된 사용자 경험은 영어권 비영어권 시장을 가리지 않고 사용자 확보 및 전환을 크게 높일 수 있다. 현지화가 쉬워지면서 다른 언어권의 시장에 신속히 진출할 수 있게 됐다. 이로써 세계 시장에 브랜드 확장이 쉬워지고 글로벌 차원의 고객에 빠르게 접근할 수 있다.

이런 결정적인 기회는 현재 영어권 기업의 비영어권 시장 진출을 가속하고 있다. AI 디자인 소프트웨어인 '캔바(Canva)'는 현지화를 통해 전체 사용자의 60% 이상을 비영어권 시장에서 확보하는 데 성공했다(Global App Testing blog, 2024). 인도의 AI 스타트업들은 초기부터 글로벌 시장을 공략하면서 전체의 44%의 매출이 해외에서 발생한다(Hussain, 2025). 이 기회는 비영어권에서 영어권으로 진출할 때도 똑같다. 어디에서 어느 나라 말로 만들어졌느냐는 이제 구별되지 않는다. 첫걸음부터 당연히 글로벌 시장을 염두에 두는 'Born-Global'이 비즈니스 DNA로 자리 잡아야 한다.

참고문헌

Aloa blog(2025). Best Multilingual LLMs: A Comprehensive Guide for Business Decision Makers. https://aloa.co/ai/comparisons/llm-comparison/best-multilingual-llms

Global App Testing blog(2024). Software Localization Challenges and Solutions [Guide]. https://www.globalapptesting.com/blog/software-localization-challenges

Hussain, M. A. et al.(2025). Global Expansion Strategies of Generative AI Startups. *YMER, 24*(03), pp.706~716.

Unicode.org(2025). Unicode CLDR Project. https://cldr.unicode.org/

07
혼자서 완성하는 '풀 스택 최적화'

앱 개발은 기능 완성만으로 끝나지 않는다. 테스트, 보안, 검색 최적화, 접근성 준수 등 전문가의 영역이었던 '풀 스택 최적화'가 이제 누구나 할 수 있는 일이 됐다. 바이브 코딩 도구에 어떤 기준을 컨텍스트로 제공할 것인지를 알면 된다. 골치 아프고 시간 많이 걸리던 최적화 작업을 프롬프트 하나로 해결하려면 먼저 어떤 이해가 필요할까?

AI와 애니메이션?

보안, 검색 최적화, 접근성 준수, 테스트까지…
이제 모두 AI의 몫

애플리케이션의 개발은 기능으로 완성되지 않는다. 원하는 기능이 제대로 작동한다고 해서 앱을 바로 공개적으로 사용하기에는 위험과 제약이 따른다. 상업적으로 공개될 앱이라면 더욱 그렇다. 최적화를 위한 여러 가지 조치를 취해야 한다. 기본적인 기능이 완성되면 먼저 실제 상황에 대해 다각적인 테스트를 거쳐야 한다. 이와 함께 외부 해킹에 대비한 보안 조치를 비롯해 검색 최적화, 접근성 준수 등이 필요하다. 높은 수준의 전문성을 요하는 일이다.

전통적 개발 환경에서는 필요한 최적화 조치를 이행하려면 각 부문에 전용 솔루션을 이용하거나 외부 전문가에 용역을 줘야 했다. 골치 아프고 시간도 많이 걸리고 돈도 많이 드는 번거로운 일이었다. 상용 애플리케이션을 아무나 개발할 수 없게 하는 또 하나의 커다란 장벽이 됐다. 그러나 이것도 이제 버려야 할 고정관념이다. 생성형 AI 환경에서는 테스트, 보안, 검색 최적화, 접근성 보완 등을 아우르는 '풀 스택 최적화(Full Stack Optimization)'를 아무나 할 수 있다.

쇼핑몰 앱 사용자 테스트도 URL 입력만으로 끝

먼저 테스트 과정을 살펴보자. 앱 개발 과정에서 작동 검증 테스트나 개발 완료 후 사용자 테스트는 피할 수 없다. 테스트용 데이터를 일일이 만들어서 모든 입력창에 반복에 반복을 거듭하며 입력하고 결과를 보고 수정하고 또 입력하는 테스트 과정은 지겹고 힘든 일이다. 그러다 보니 유의미하게 충분한 사례를 테스트하지 못하거나 미처 예상하기 어려운 특수한 경우를 놓치기 일쑤였다.

생성형 AI는 테스트 데이터를 자동으로 생성해 준다. 필요한 데이터 세트를 프롬프트로 설명하고 필요한 개수만큼 생성해 달라고 요청하면 그만이다. 만들어 놓은 프로세스가 제대로 작동하는 지를 테스트하고 싶으면 바이브 코딩 도구에 그 프로세스를 테스트하는 코드를 따로 만들어서 생성된 데이터를 이용해 테스트해 달라고 요청하면 그만이다.

하나의 단위 프로세스가 아니라 앱 기능 전체 파이프라인을 테스트하려면 다양한 시나리오와 그에 따른 데이터가 또 필요하다. 이 사용자 테스트는 적지 않은 작업이다. 그러나 생성형 AI를 기반으로 하는 테스트 전문 서비스를 이용하면 사람을 동원하지 않고도 짧은 시간 안에 정확히 실행할 수 있다. ACCELQ나 TestRigor 같은

AI 기반 테스트 자동화 플랫폼은 코딩 기술 없이 일반 언어만으로 앱 테스트를 자동화할 수 있다.

예를 들어, TestRigor 페이지에서 테스트할 쇼핑몰 앱의 URL을 입력해 주고 "아이폰17프로를 주문해 줘"라고만 명령하면 스스로 필요한 입력 위치나 버튼을 찾아서 마치 사람처럼 모든 주문 과정을 대신 실행한다. 동시에 모든 단계의 화면을 자동으로 캡처해서 실행 과정을 기록하고, 주문 과정에서 발견된 에러나 수정이 필요한 사항을 일목요연하게 보고서로 정리해 준다. 다양한 시나리오를 스스로 생성해서 희귀한 사례까지도 적용하는 극한 테스트를 실행할 수도 있다. 그 과정에서 사람의 수고는 없다. 테스트에 걸리는 시간도 극단적으로 줄어든다.

CWE, NVD 등 기준만 제시해 주면 보안 코드도 자동 생성

보안 문제는 매우 심각하고 진지하게 다뤄야 할 이슈다. 앱을 만들어서 웹서버에 올려놓으면 기다렸다는 듯이 해킹이 시작된다. 웹서버의 로그를 들여다보면 곳곳에서 해킹 시도 기록이 나타난다. 끔찍하다는 느낌이 들 정도다. 이런 공격을 개발자가 하나씩 모조리 막아 나가는 것은 거의 불가능한 일이다.

해킹을 막는 보안 대책도 이제 생성형 AI가 맡아 준다. 생성형 AI 기반 바이브 코딩 도구는 자동으로 코드베이스를 스캔해서 보안 위험을 식별하고 해결책을 제시해 준다. 앱을 개발하는 과정이나 개발이 완료된 후, 또는 웹서버에 앱을 발행한 후 어느 시점에서라도 바이브 코딩 도구에 보안 대책을 프롬프트로 요청하면 그만이다.

단, 보안 조치의 기본이 되는 기준에 어떤 것이 있는지는 알아야 한다. 바이브 코딩 도구에게 정확한 근거를 제시해 줘야 하기 때문이다. 보안 조치 실행을 위한 컨텍스트를 제공하는 것이다. 보안의 기준에는 CWE[Common Weakness Enumeration, 미국의 비영리 연구개발 조직인 MITRE Corporation이 관리하고 있는 소프트웨어 보안 약점 유형 분류 체계]나 NVD[National Vulnerability Database, 실제로 발견된 구체적인 취약점 정보를 저장한 데이터베이스로, 미국 표준기술국(NIST, National Institute of Standards and Technology)에서 관리]가 있다. 보안 조치를 적용하기 위해서 전용 솔루션을 사용하거나 외부 전문가에게 용역을 의뢰하는 대신에 바이브 코딩에게 CWE와 NVD 기준에 의거해서 보안 조치를 실행해줄 것을 요청하면 된다.

개발된 앱을 웹 서버에 올렸을 때 발생하는 외부 공격

에 대해서도 바이브 코딩으로 대처할 수 있다. 웹 서버에 나타나는 외부 공격 관련 로그를 복사해서 이를 컨텍스트로 업로드해 주면서 보안 조치를 요청하면 그 공격을 막는 데 필요한 코딩을 자동으로 적용해 준다.

한걸음 더 나아가 현재 존재하지 않는 공격을 미리 예측해서 보안 대책을 선행적으로 마련할 수도 있다. 모순처럼 들리겠지만 없었던 공격을 앞서 예방하는 것이 가능하다. 생성형 AI는 지금까지 발생했던 외부 공격의 패턴을 분석하고 학습해 앞으로 공격이 예상되는 취약점을 미리 찾아내서 예측되는 공격을 막아 준다. 예를 들어, Veracode의 머신 러닝 기반 취약점 예측기는 아직 NVD에 등재되지 않은 오픈 소스 패키지의 취약점을 발견할 수 있다(Veracode, 2023). 앱을 개발하는 입장에서는 이렇게 예상되는 취약점에 대해 선제적으로 대응할 수 있게 된다.

'Lighthouse 감사 적용' 요청만으로 완성되는 검색 최적화

상용 애플리케이션의 성공을 위해서 성능 및 검색 최적화는 빠트릴 수 없는 핵심적 요소다. 검색 엔진 최적화(SEO, Search Engine Optimization)의 목표는 여러 검색 엔진의 SERP(검색 결과 순위 페이지, Search Engine Result Page)에서 상위에 나타나도록 최적화하는 것이다. 웹 사이트의 페이지나 기술적 요소를 최적화시키는 것은 검색 결과에서 상위에 랭크되고 유기적 트래픽을 얻는 데 핵심적이다.

SEO는 한 번에 끝나는 게임이 아니다. 검색 엔진은 늘 알고리즘을 바꾸고 끊임없이 업데이트되기 때문에 SEO를 유지하고 불쑥불쑥 나타나는 문제점들을 수정하기 위해서는 주기적으로 웹 사이트를 '감사'해 줘야 한다(Garg, 2025). 그동안 'SEO 감사'에는 구글에서 제공하는 Lighthouse를 많이 사용해 왔다. Lighthouse 사이트에 감사하려는 웹 사이트 링크를 입력해 주면 사이트를 분석해서 보완이 필요한 요소들을 정리한 보고서를 만들어 주었다. 이 보고서 결과를 보고 웹 사이트의 소스코드를 하나씩 수정해 나가는 방식이었다.

AI 시대에는 상황이 많이 달라졌다. 바이브 코딩 도구에 'Lighthouse 감사'를 실행할 것을 요청하면 아예 그 사이트의 모든 파일을 분석해서 최적화가 필요한 부분을 낱낱이 찾아내고 업데이트할 내용을 자세히 정리해 준다. 한걸음 더 나아가 감사 결과 발견된 보완할 사항을 바로 적용해 주도록 요청하면 필요한 모든 수정 사항을 짧은 시간 안에 파일 소스 코드에 직접 반영해 준다. 분석과 적용을 동시에 진행하는 것이다. 'Lighthouse 감사'를 실행하고 적용해 달라는 프롬프트 입력만으로 SEO를 위한 HTML header의 keywords나 description과 같은 메타데이터를 자동으로 추가하고 로딩 시간 지연을 일으키는 부분을 찾아 로딩 속도를 개선하는 등 실제 개선 작업을 직접 수행한다.

접근성 준수 기준, README 파일까지 손쉽게 업데이트

접근성 개선도 마찬가지다. 필요한 기준을 컨텍스트로 제공하고, 바이브 코딩 도구로 하여금 직접 접근성 규정에 맞는 수준으로 수정하도록 한다. 접근성 규정 준수의 기준은 WCAG[Web Content Accessibility Guidelines, 웹 콘텐츠를 모든 사용자가 접근 가능하도록 하기 위한 국제 표준 가이드라인으로, 웹 표준기구인 W3C(World Wide Web Consortium)에서 개발하고 관리]다. ▲웹 페이지를 잘 알아볼 수 있어야 하고(Perceivable) ▲조작할 수 있어야 하고(Operable) ▲이해할 수 있어야 하며(Understandable) ▲다양한 보조 에이전트들이 활용할 수 있어야 하는(Robust) 네 가지 핵심 원칙으로 구성돼 있다. 이 원칙을 어느 정도 지켰느냐에 따라 가장 낮은 레벨 A에서 AAA까지 세 단계로 나뉜다. W3C는 대부분의 웹 사이트가 레벨 AA를 준수하도록 권고한다.

그러니까 바이브 코딩 도구에 접근성 개선을 요청하면서 'WCAG 기준 레벨 AA'를 컨텍스트로 제공해서 이 수준의 접근성을 달성하도록 코드를 직접 업데이트하게 요청하면 된다. 다만, WCAG 기준을 엄격히 따르다 보면 웹페이지의 색상이나 버튼 크기 등 시각적인 요소가 애초의 디자인 콘셉트와 어긋나는 경우가 자주 발생한다. 이럴 때는 바이브 코딩 도구에 접근성 개선을 직접 실행하도록 하기보다 먼저 개선에 필요한 항목을 제안하도록 한다. 그 결과를 보고 실제 적용할 항목을 선택적으로 골라서 실행하는 방법을 쓴다.

이뿐 아니다. 어플리케이션을 최적화하는 데 빠져서는 안 될 요소가 README 파일이다. README 파일은 앱의 소개, 주요 기능, 앱의 구조, 실행 방법 등을 자세히 그리고 구체적으로 정리한 프로젝트 문서다. README 파일을 보면 누구든지 그 앱을 사용하거나 유지 관리를 할 수 있게 된다. 하지만 README 파일을 일목요연하게 정리하는 것은 그리 녹록치 않다. 심지어 앱을 개발하고 업그레이드하는 과정에서 변경 사항을 README 파일에 업데이트하는 작업도 만만치 않다.

README 파일도 생성형 AI 시대에는 자동으로 생성된다. 앱을 개발하는 도중에 어떤 단계에서라도, 앱이 완성된 후든지 새로운 버전이 만들어졌을 때 어느 시점에서라도 바이브 코딩 도구에 현재 앱 상태를 반영해서 README 파일을 업데이트해 줄 것을 요청하면 된다.

이처럼 AI 에이전트 시대에는 앱이나 웹페이지를 만들면서 번거로운 작업이었던 테스트 실행, 보안 강화, 검색엔진 최적화, 접근성 규정 준수, 프로젝트 문서 생성 등을 자동으로 실행할 수 있다. 정확한 근거나 기준을 컨텍스트로 제공하면서 프롬프트를 통해 요청하면 그만이다. 이 까다로웠던 일을 이제는 누구나 손쉽게 처리할 수 있다.

참고문헌

Garg, S.(2025). 8 Steps To Boost SERP Rankings With AI Agents for SEO Audits. Writesonic blog. https://writesonic.com/blog/ai-agents-for-seo-audits

Minkiewicz, A.(2024). The Impact of Generative AI on Software Engineering Activities. *2024 Joint IT and Software Cost Forum.*

Veracode(2023). Artificial Intelligence (AI) and the Future of Application Security Testing.

08
도구가 아닌 협업의 대상

인공지능은 도구가 아니라 존재다. 지금까지 없었던 바이러스를 만들어 낸 '게놈 언어 모델'과 과학자들의 프로젝트는 AI와 인간의 협업이 얼마나 놀라운 결과를 만들어 내는지를 보여 주었다. '무기적 존재'로서의 AI와의 협업을 설계할 때 어떤 마인드를 가져야 하는지, 그 기본적인 설계 원칙을 들여다본다.

AI와 인재 채용?

완전히 새로운 바이러스 설계도 만들어 낸 '게놈 언어 모델'

2025년 9월 미국 실리콘밸리에 있는 비영리 의학연구기관 Arc Institute와 스탠포드대학교가 공동으로 놀라운 연구 결과를 발표했다. 생성형 AI를 이용해서 자연에 존재하지 않은 완전히 새로운 바이러스를 만들어 냈다는 것이었다. 방대한 양의 DNA 서열 데이터를 학습시킨 '게놈 언어 모델(genome language model)'이란 생성형 AI를 이용해서 생명공학 과학자들이 이뤄진 기념비적인 성과였다.

과학자들은 게놈 언어 모델로 세상에 없던 박테리오파지(bacteriophage)[박테리아를 숙주 세포로 하는 바이러스를 통칭하는 말이다. 박테리아를 공격하는 바이러스를 의미한다. 실제로 이번 연구 결과 기존 항생제가 듣지 않는 슈퍼박테리아를 신속히 파괴하는 박테리오파지가 만들어졌다]의 전체 유전체 구조를 처음부터 설계해서 실제로 살아서 움직이는 바이러스를 만들어 냈다. 이 프로젝트는 박테리오파지에 그치지 않고 궁극적으로 훨씬 더 복잡한 생명체 시스템을 게놈 수준에서 설계하기 위한 프레임워크를 제시하는 것을 목표로 하고 있다.

이 연구 결과는 인간과 AI의 협업이 얼마나 놀라운 일을 만들어 낼 수 있는지를 보여 주는 사례였다. 먼저 과학자들은 'Evo'라고 이름 지은 '게놈 언어 모델' 인공지능에게 'ΦX174'라는 바이러스의 게놈 정보를 알려준 다음, 이와 비슷하지만 완전히 새로운 바이러스 게놈 설계도를 수천 개 만들어 보라고 명령했다. 과학자들은 이렇게 생성된 설계도 가운데 실제로 대장균을 공격할 수 있을 것으로 보이면서 전혀 새로운 설계도 300여 개를 골라냈다.

과학자들은 설계도에 따라 단백질을 조합해서 실제로 살아있는 16개의 박테리오파지를 만들어 냈다. 지금까지 존재하지 않았던 새로운 바이러스였다. 그중 하나는 항생제가 듣지 않는 슈퍼박테리아를 신속하게 제거했다. 획기적인 신약 개발이 가능해졌다. 또 다른 하나는 지금까지 생명과학자들 사이에 불가능하다고 알려졌던 게놈 조합을 가지고 있음에도 불구하고 정상적으로 기능했다. AI가 인간의 지식을 넘어서는 매우 복잡한 생물학적 해결책을 찾아낼 수 있음을 시사해 주는 일이었다(Hie et al., 2025).

AI는 사람과 상호작용하는 '무기적 존재'

연구 과정에서 인간과 인공지능은 각각 잘 할 수 있는 일을 분담했다. 인간에게 수백만 개의 박테리아 게놈 배열을 학습해서 새로운 게놈 구조를 설계해 내는 일은 엄청난 노력과 긴 시간이 필요하다. 그러나 이 같은 데이터 집약적이거나 반복적인 인지 작업은 인공지능에게는 어려운 일이 아니다.

'게놈 언어 모델'이 무작위 배열로 만들어 낸 수천 개의 설계도가 모두 살아있는 박테리아가 될 수는 없었다. 그 판단은 인공지능이 아니라 과학자의 몫이었다. 인간의 지식과 판단으로 가능한 일이었다. AI가 처리한 정보를 바탕으로 창의적이고 전략적인 사고, 미묘한 맥락의 이해와 같은 인간 고유의 강점을 발휘한 것이었다(Bryan, 2025). 인공지능과 인간의 협업으로 생명체를 설계할 수 있는 기념비적인 돌파구를 열었다.

AI는 도구가 아니라 존재다. 전통적 컴퓨터 소프트웨어는 우리가 특정한 과업을 반복적으로 처리하는 데 쓰는 수동적 도구였다. AI 에이전트는 우리가 서로의 강점을 극대화하면서 같이 손을 잡고 일해야 하는 능동적 존재다. AI 에이전트 시대에는 AI를 함께 대화하고 협력하는 협업의 대상으로 인식해야 한다. 단순한 도구가 아니라 스스로 생각하고 판단하고 결정하고 진화하면서 사람과 상호작용을 하는 '무기적 존재(inorganic existence)'다.

인간과 AI 협업 시너지… 예측 불가능했던 '창발적 협업'

AI 협업 프레임워크에서 인간과 AI의 관계는 대체가 아닌 증강(augmentation)이다. 서로가 가진 강점을 극대화하는 상호보완적인 파트너십이다. 인간은 최종적인 감독, 전략적 사고, 창의성을 담당한다. AI는 데이터 처리, 반복 작업, 초기 아이디어 생성 등을 맡아 인간의 '인지적 부하'를 줄여 주는 역할을 맡는다(Alla, 2025).

AI는 방대한 양의 데이터 처리, 패턴 인식, 정확한 예측, 반복적이고 지루한 작업 수행에 탁월하다. 예를 들어, 의료 진단이나 데이터 분석과 같은 의사 결정 작업에서 AI는 방대한 정보를 정확하게 처리할 수 있다(Parihuana, 2025). 수백만 개의 게놈 정보를 학습한 '게놈 언어 모델'이 짧은 시간 안에 수천 개의 새로운 박테리오파지의 설계도를 만들어 낸 것은 인간에게는 불가능한 일이었다.

인간은 맥락 이해, 감성 지능, 전례가 없었던 상황에서의 창의적 사고라는 대체 불가능한 능력을 발휘한다. AI가 생성한 초기 아이디어나 분석 결과를 인간이 정제하고, 감성적 깊이를 더하며, 최종 결과물이 사용자의 공감을 사도록 만들어 준다(Parihuana, 2025). '게놈 언어 모델'이 생성한 수천 개의 박테리오파지 설계 가운데 살아있을 가능성이 있는 게놈의 조합을 골라낸 것은 과학자들의 지식과 판단이었다.

이 같은 AI와 인간 사이의 시너지는 콘텐츠 제작, 디자인 작업, 그리고 문제 해결 시나리오 수립과 같이 분석의 정확성과 창의적 통찰을 동시에 요구하는 분야에서 높은 가치를 만들어 낸다. 인간과 AI로 이뤄진 팀을 구성하는 것은 기술만의 문제가 아니라 제대로 된 마인드세트(mindset)를 설정하는 것이다. 제대로 작동하는 팀에서는 AI가 인간을 대체하는 것이 아니라 인간의 능력을 증강시키는 협력적 도구로 보이게 된다(Parihuana, 2025).

AI 시대에 인간은 이 같은 '인지적 부하(cognitive load)'를 AI에게 내려놓을 수 있게 됐다. 인간에게는 수십 년이 걸리거나 아니면 아예 불가능한 일을 AI에 맡기고, 인간은 AI가 할 수 없는 창의적 윤리적 도덕적 판단을 맡는 '인지적 시너지(cognitive synergy)'가 일어난다(Bryan, 2025). 그 결과는 지금까지 예측하지 못했던 새로운 가치와 해결책이 창출되는 '창발적 협업(emergent collaboration)'이다.

HITL, HSTL, 마이크로 모멘트… 인간 개입의 설계 방식

인간과 AI의 협업에서 핵심은 'HITL(Human in the Loop)'다. HITL은 AI 에이전트 시스템이 작동하는 과정에서 사람이 직접 개입해 필요한 역할을 수행하는 방식을 말한다. ▲의사 결정 ▲결과 검증 ▲의견 제시 ▲학습 지원 등 역할이 여기에 해당한다.

AI가 제안한 초기 아이디어를 사람이 고유의 판단으로 재정립하고, AI는 불확실한 상황이 발생하면 사람에게 개입해 줄 것을 요청하는 협업적 의사 결정이 이뤄진다. 또한 AI가 내놓은 결과를 인간이 검증하고 수정함으로써 오류를 방지하고 품질을 끌어올린다. AI가 내놓은 중간 결과에 대해 전문가가 자신의 관점이나 의견을 투입하는 방식도 품질 향상에 매우 중요한 협업 방식이다. 그리고 인간이 AI에게 끊임없이 피드백을 줘서 새로운 상황에 대한 학습 데이터를 제공하는 방식으로 AI의 성능을 끌어올리기도 한다.

여기서 어느 시점, 어느 단계에서 인간이 개입할 것인가가 중요해진다. 협업의 결정적 순간을 설계해야 한다. AI 에이전트 어플리케이션을 개발할 때 AI 에이전트가 일하는 프로세스에서 어느 단계에 사람이 개입해서 어떤 역할을 해 줄 것인가를 생각해야 한다. 모든 작업을 AI 에이전트에 맡기는 데 비해 중간 단계에 인간의 판단과 통찰, 특히 전문성을 주입하는 것은 누구나 AI 에이전트 앱을 만들 수 있는 시대에 차별성을 확보하는 필수적이고 결정적인 요인이 된다.

AI를 이용해서 작업하는 과정에서 문제가 발생했을 때는 '마이크로 모멘트(micro-moment)'를 생각해야 한다. 예를 들어, 바이브 코딩을 하는 중에 에러가 생겨 자꾸 같은 상황으로 되돌아가는 무한 에러 루프에 빠질 때가 있다. 이때 AI에게 주의를 환기시켜 주는 계기를 던져 주는 것이 마이크로 모멘트의 좋은 예다. "혹시 이런 방법은 어떨까요?", "다른 관점에서 생각해 보면…" 등과 같이 되풀이되는 과정을 벗어나 새로운 방향으로 틀어 주는 단초를 제공해 주는 것이다.

인간의 개입은 간접적인 방식으로도 가능하다. HITL은 사람이 AI의 작업 단계에 직접적으로 개입하는 형식이다. 간접적인 방식이란, 예를 들면 일반적으로 많이 알려진 인사를 거명하면서 그 인사의 스타일을 반영하도록 지시하는 것이다. 생성형 AI는 이런 방식의 스타일을 적용하는 데 탁월하다. 그림을 그리는 데 "반 고흐 스타일로 그려 주세요"라고 요구하면 여지없이 그 스타일로 표현해 준다.

AI 에이전트가 작업하는 과정에서 그 분야의 널리 알려진 전문가를 특정해 그 스타일을 적용하도록 하면 그렇지 않은 경우와 결과물의 품질에 차이가 나타난다. 정형적이고 기계적인 느낌의 결과에 사람의 냄새가 입혀지는 것을 알 수 있다. 이처럼 특정 인사의 스타일을 적용하는 방식을 'HSTL(Human Style in the Loop)'이라고 부르자. 어느 단계에서 HSTL을 적용할 수 있을지를 설계하는 것도 AI 에이전트 앱 개발에 빠트릴 수 없는 요소다.

기억하시라. AI 에이전트는 생명도 없고 형체도 없지만 우리가 함께 손잡고 일해야 할 '무기적 존재'임을.

참고문헌

Alla, P. B.(2025). Automation as Augmentation: Stories of Human-AI Collaboration in the Workplace. *European Modern Studies Journal, 9*(4), pp.1019~1036.

Bryan, S.(2025). Cognitive Load: Rethinking Human-AI Synergy in the Age of AI Collaboration. Shepblog. https://www.shepbryan.com/blog/cognitive-load-ai

Hie, B. I. et al.(2025). Generative design of novel bacteriophages with genome language models. bioRxiv. https://doi.org/10.1101/2025.09.12.675911

Parihuana, R.(2025). Building Trust in Human-AI Collaboration: Key Strategies for Success. SmythOS blog.

https://smythos.com/developers/agent-development/huma
n-ai-collaboration-and-trust/

09

AI 에이전트 앱 개발 원칙 'Four Gets'

AI 에이전트 앱은 어떤 모습을 갖게 될까? 필자가 긴 시간의 고민 끝에 정리한 AI 에이전트 개발 원칙을 제시한다. 네 가지 'Get'으로 집약한 개발 원칙 'Four Gets'는 과거의 고정관념을 잊어버리라는 의미로 'forget'이란 음도 담고 있다. 정확한 고객 페르소나 생성부터 단순화, 개인화, 완결성으로 이어지는 핵심 고려사항을 소개한다.

AI와 기자?

'사람들은 어떻게 생각하고 행동할까?'
고정관념 깨기 위한 몸부림

AI 에이전트 시대에 맞는 어플리케이션은 어떤 것일까? AI 에이전트 시대의 '킬러 앱'은 어떤 조건을 갖춰야 할까? 지금까지 우리가 써 왔던 컴퓨터 소프트웨어나 스마트폰 앱이 갖고 있던 형식과 원리와는 많이 다를 것이라는 점은 분명하다.

전통적 소프트웨어나 앱은 도구에 불과했다. 입력받은 인간의 명령을 ▲수동적으로 ▲정해진 프로그램에 따라 ▲단방향으로 실행하는 데 지나지 않았다. AI 에이전트는 차원을 달리 한다. ▲스스로 판단하고 결정하는 자율성 ▲데이터가 쌓일수록 스스로 성능을 향상시키는 학습 능력 ▲과업을 수행하는 과정에서 인간과 상호작용하는 능력을 가지고 있다. 가히 비교조차 될 수 없는 극과 극의 차이다. 기존 컴퓨터 소프트웨어나 어플리케이션, 심지어 웹 사이트까지 모조리 다시 만들어져야 하는 이유다.

AI 에이전트 시대의 앱은 지금까지 우리가 경험했던 컴퓨터 소프트웨어와는 완전히 다른 모습을 띌 것이다. 그것이 무엇일까?

필자는 그 답을 얻기 위해 많이 노력하고 깊이 고민했

다. 그러나 고민에 빠져들수록 나도 모르게 생각은 지금까지 써 왔던 컴퓨터 소프트웨어나 스마트폰 앱의 구조로 되돌아갔다. 서비스 내용에 대한 생각은 필자가 오랜 세월 종사해 왔던 뉴스 콘텐츠로 자꾸만 되돌아갔다. AI 에이전트 시대에 콘텐츠의 영역은 의미가 없어졌는데도 말이다. 공고하게 굳어진 고정관념을 찾아내고 깨트려야 했다. 고통스러웠다. 멀미가 느껴질 지경이었다.

고민할 지점은 "AI 에이전트 시대에 어플리케이션은 어떻게 만들어야 할까?"가 아니었다. "AI 에이전트 시대에 사람들은 어떻게 생각하고 어떻게 행동할까?" 이 생각에만 집중해야 했다. 필자는 짐을 싸서 프랑스 파리로 떠났다. 생각을 바꾸기 위해서는 공간을 바꿔야 했다. 사람을 생각하기 위해서 예술만 보기로 했다. 그저 그림과 조각 작품만 봤다. 렌터카를 빌려서 9시간을 운전해 프랑스 남부에 있는 화가 반 고흐의 고향 아를로 내려갔다. 반 고흐 그는 무슨 생각을 했을까? 필자에게 각인돼 있는 고정관념을 벗겨내기 위한 몸부림이었다.

AI 에이전트 시대에 새로운 앱이 갖춰야 할 조건. 필자는 네 가지로 집약했다.

• Get Them. • Get Simple. • Get Me. • Got It!

필자는 이를 '네 가지 Get'이란 의미로 'Four Gets'라고 부르기로 했다. 이는 과거의 고정관념을 '잊어버리라'는 뜻으로 'forget'의 음을 담고 있기도 하다.

견고하게 정의된 고객을 확보하라…Get Them

AI 에이전트 시대의 어플리케이션이 갖춰야 할 첫째 조건은 정확한 고객을 확보하는 것이다. 대중적인 서비스라면 정밀한 고객의 정의와 타기팅이 가능하다. 전문적인 앱 서비스라면 사용자가 될 '피어 그룹(peer group)'을 명확하게 정의할 수 있다.

AI를 이용하면 대중적 서비스에서 타깃 고객층을 식별하기 위해 고객의 페르소나를 생성할 수 있다. 과거에는 소비자 조사나 데이터 분석으로 고객층을 추정했다. 그러다 보면 기존 방식의 조사나 데이터에 나타나지 않는 잠재 고객은 포착되지 않는 모순에 빠지기 일쑤였다. 생성형 AI 시대에는 고객 데이터 분석을 기반으로 예상되는 고객의 페르소나를 자동으로 생성할 수 있다. 기존 고객의 특성은 물론 이를 바탕으로 예측되는 새로운 고객층까지 AI는 다층적인 고객군을 세밀하게 정의해 준다.

AI 에이전트 앱은 누구나 만들 수 있다. 아무리 전문적인 분야라도 그 분야의 전문가가 직접 앱을 만든다. 이 경우 어떤 사람들이 앱을 사용하게 될 것인지 사용자의 특성이 명확하다. 같은 분야에 종사하는 전문가 그룹이기 때문이다. 따라서 사용자 경험이나 앱의 기능이 군더더기 없이 최적화된다. 그 앱은 그 분야에서의 사용성이 극에 달하게 될 것이다.

초기 단계인 기획과 설계 단계에서 사용자층을 명확하게 알 수 있다는 것은 개발하는 앱의 성공을 좌우하는 결정적인 출발점이다. AI 시대에 이 강력한 이점을 놓치지 말라. AI 에이전트 앱을 개발하는 시작은 AI를 이용해서 견고하게 정의된 고객을 확보하는 것이다.

사람이 할 일은 단순해야 한다…Get Simple

AI 에이전트는 영리하다. 사람이 할 일을 대신해 준다. 사람이 해야 할 판단까지도 대행한다. AI 에이전트 시대의 사람들은 최소한의 행동만 한다. 번거로운 일은 AI 에이전트가 맡아주기 때문이다.

자율 운전 자동차를 생각해 보자. 사람이 할 일은 목적지를 입력하는 것으로 끝이다. 목적지까지 찾아가는 도중에 자동차를 운전하고 교통 상황을 파악하고 길을 찾아 가는 일은 AI 에이전트가 맡는다. 사실 이런 번거로운 일들을 하는 것은 지금까지 우리에겐 당연한 일이었다. AI 에이전트 시대에 사람은 목적지를 입력하고 목적지에 도착하면 내리는 일, 그 두 가지 행동만 하면 된다. 바로 그 차이다.

AI 에이전트 시대에 앱을 이용하는 사람들이 할 일은 최대한 단순해야 한다. 나의 옷차림 상태를 분석해서 패션 스타일링 조언을 해 주는 앱을 생각해 보자. 내가 할 일은 내 사진을 한 장 올리는 것으로 끝이다. AI 에이전트는 이 사진을 읽어 내서 어떤 옷, 어떤 액세서리, 어떤 메이크업을 하고 있는지를 스스로 분석한다. 그리고 전체 스타일링을 향상시켜 줄 방안을 스스로 만들어 낸다. 새로운 스타일에 어울릴 제품과 브랜드까지 매칭할 수 있다. 새로운 스타일이 적용된 나의 모습을 한 장의 이미지로 그려 내고 앞 뒤 모습을 담은 동영상으로 보여 준다. 이 모든 것이 한 장의 사진을 올리는 한 차례의 행동으로 물 흐르듯 진행된다.

어느 단계에서 사람과 상호작용이 일어나면 또 다른 차원의 일이 일어난다. AI 에이전트가 제안한 스타일이 마음에 들어 특정 제품을 사고 싶다는 의사를 표현하면 주문하는 일은 AI 에이전트가 대신한다. 또한 AI 에이전트가 제안한 스타일에 대해 나의 의견을 알려주면 AI 에이전트는 그 의견을 반영해서 새로운 스타일로 업데이트해 준다. 내가 마음에 들 때까지. 사용자의 추가 행동은 새로운 지평으로의 레버리지를 일으킨다.

AI 에이전트 시대의 앱은 사용자를 번거롭게 해서는 안 된다. 여러 차례의 입력이나 행동을 하도록 요구하지 말라. 아예 사람이 할 일을 없애고 모든 일을 AI 에이전트가 자동으로 대신하도록 할 수도 있다. 사람이 할 일은 단순해야 한다. 극단적인 단순함은 사람이 할 일이 아예 없는 것이다.

승부는 극단적인 개인화에 있다…Get Me

챗지피티가 돌풍을 일으킨 근본적인 이유는 극단적인 개인화다. 방대한 지식을 학습한 거대 인공지능이 나 한 사람의 질문에 꼭 맞춘 답을 친절하게 정리해서 보여 준다. 심지어 내가 챗지피티를 오랜 시간 사용하면 챗지피티는 점점 더 나를 더 이해하고 나의 관심사와 나의 어조, 나의 성향 등 나의 페르소나에 맞는 답을 주고 대화를 이어간다. 개인화의 수준은 날이 갈수록 정교해진다. 극단적 맞춤형 서비스다.

AI 에이전트 앱에 대한 사용자의 기대도 마찬가지다. 극단적으로 나를 알아줄 것. 이 니즈(needs)는 사용자들의 의식에 자연스럽게 잠재된다. AI 에이전트 앱은 사용자로 하여금 정밀한 맞춤형 결과를 내놓아야 한다. 외적인 환경이나 조건만이 아니라 나만의 감성까지도 정확히 반영한 서비스를 구현해야 한다. 굳이 메뉴판을 보지 않고도 내가 원하는, 내가 좋아하는, 내 컨디션과 기분에 맞는, 내 예산까지 고려한 음식을 알아서 추천해 주는 셰프 같은 서비스를 생각해 보라.

▲앱에 처음 들어왔을 때부터 나에게 맞춘 환경을 제공하는 개인화 온보딩(Personalized Onboarding) ▲사용자의 컨텍스트를 이해하고 그에 따라 인터페이스와 메시지를 달리하는 컨텍스트 인지(Context Awareness) ▲사용자의 행동과 사용 이력에 따라 알고리즘이나 워크플로가 진화하는 동적 개인화(Dynamic Customization) ▲단순히 기능만 맞추는 것이 아니라 '나를 배려한다'는 감정적 연결을 형성해 주는 감성 공감(Emotional Resonance)이 이뤄져야 한다. 사용자에게 "이 서비스는 나를 제대로 이해하고 있구나"라고 느끼는 경험을 제공해야 하는 것이다. 승부처는 극단적인 개인화에 있다.

다시 돌아오고 싶은 새로운 시작으로…Got It!

"됐다!"

앱 서비스의 최종 결과는 사용자에게 바로 이 느낌을

주어야 한다. 사용자에게 실질적인 성과(outcome)를 제공하는 순간을 의미한다. 결과만 제공하는 것이 아니라 제대로 된 결과를 얻었다는 느낌을 제공해야 한다. 군더더기 없이 정확히 내가 원했던 나만을 위한 결과물을 제공했을 때 이런 반응이 나올 수 있다.

최종 결과물을 접했을 때 사용자는 완결성과 만족감을 느껴야 한다. 자율 주행 자동차가 최종 목적지에 도착했을 때 승객이 느끼는 안도감과 설렘. 바로 그런 것이다. 목표에 도달해서 문제가 해결되고 성과가 확보되는 순간이다. 사용자가 원하는 가치를 얻고 동시에 앱 서비스에 대한 신뢰를 갖게 되는 지점이다.

이를 성취하기 위해서는 다음 네 가지 조건을 고려해야 한다. ▲결과물은 명확해야 한다(Clear Outcomes). ▲사용자가 결과를 얻었다는 사실을 즉각 확인할 수 있게 한다(Instant Feedback). ▲더 이상 불필요한 단계 없이 결과를 간결하게 전달해야 한다(Satisfaction & Confidence). ▲성과를 경험한 고객이 다시 돌아오고 싶게 만드는 연결 고리를 제공해야 한다(Retention Link). "Got it!"은 서비스 종료가 아니다. 서비스를 다시 사용하고 싶은 충성으로 이어지는 새로운 시작이다.

10
'지평의 융합'은 가능할까?

AI는 어디까지 진화할 것인가? 이미 연역법과 귀납법을 구현한 인공지능이 과연 인간만이 할 수 있는 창의적 추론 방식인 가추법도 실현할 수 있을까? AI는 이미 가추법을 흉내 내고 데이터 기반 가설의 생성과 판별에서는 인간보다 더 무결하다. AI는 인간 지능의 확장 기저인 '지평의 융합'까지 도전할 수 있을까? 논쟁은 이어질 것이고 도전도 계속될 것이다.

AI와 미래 의사?

컴퓨터에게 가추법 방식 추론은 가능할까?

컴퓨터가 추론을 할 수 있을까? 생성형 인공지능이 등장한 이후 이에 대한 논쟁은 더 뜨겁게 이어지고 있다.

추론에는 세 가지 방식이 있다. 연역법(deduction)과 귀납법(induction) 그리고 제3의 추론방식인 가추법(假推法, abduction)이다. 가추법은 관찰된 현상이나 놀라운 사실에 대해 가장 그럴듯한 설명을 제공하는 가설을 생성하는 것이다(Larson, 2021: 161). 마치 사건 현장을 보고 기발한 추리를 해내는 탐정 같은 발상을 말한다.

인공지능이 실질적인 프로그램으로 처음 구현됐던 것은 1955년 미국의 컴퓨터 과학자 앨런 뉴얼(Allen Newell)과 허버트 사이먼(Herbert A. Simon) 교수가 공동으로 개발한 '논리 이론가(Logical Theorist)'로 알려진다. '논리 이론가' 프로그램은 전형적인 연역법을 이용해 수학적 정리들을 증명해 냈다.

이후 많은 데이터를 학습해서 결론을 도출해 내는 귀납법 방식의 인공지능이 실현됐다. 머신 러닝이 그것이다. 머신 러닝은 인공지능의 실용화에 첫 장을 열었다. 연역법에 이어 귀납법 방식의 추론이 머신 러닝에 의해 완벽히 구현됐다. 남은 것은 가추법이다. 과연 인공지능이 가추법으로 추론할 수 있을까? 인간만이 할 수 있는 기발한 발상을 인공지능이 해낼 수 있을까?

가추법을 흉내 내는 생성형 AI

전통적 컴퓨터 소프트웨어가 실용성을 극적으로 높일 수 있었던 것은 조건문 덕분이었다. 이른바 if~ then~ 구조의 프로그래밍이 가능했기 때문이었다. 컴퓨터로 하여금 0과 1의 신호를 매칭해서 '예', '아니오'의 판단을 하게 했다. 이 판단 구문을 이어 붙여서 삼단논법과 같은 논리의 순환 구조를 만들 수 있었다. 물론 if절의 조건이나 그 결괏값은 사람이 프로그램으로 미리 정의해 둬야 했다. 인간이 미리 짜 넣어준 조건과 결괏값을 반복적으로 적용하면서 겉으로는 컴퓨터 프로그램이 그럴듯한 판단을 하는 것 같은 능력을 보여 주었다.

생성형 인공지능은 방대한 학습 데이터를 바탕으로 판단은 물론 가추법을 흉내 낸다. 예를 들어 '길바닥이 젖어 있다'고 하면 생성형 인공지능은 '비가 왔을 수 있다', '누군가 물을 엎질렀을 수 있다', '강아지가 오줌을 누었을 수 있다' 등등 수많은 가설을 세운다. 가추법 방식의 추론의 시작이다.

인공지능은 그 가설들을 차근차근 검증한다. 미리 학습한 데이터를 바탕으로 가설 하나 하나가 개연성이 있는지를 계산해 본다. 전체 맥락까지 고려해서 확률이 가장 높은 가설을 선택한다. 그 상황을 선택한 다음 또 다른 가설을 이어가면서 새로운 이야기를 써 내려간다. 이야기는 꼬리에 꼬리를 무는 추론의 결과물이다.

가추법을 흉내 내는 추론 모델은 멀리 있지 않다. 챗지피티가 작동하고 있는 gpt-5 모델을 비롯해 클로드의 오푸스(opus) 모델, 딥시크(Deep Seek)의 딥 싱크(Deep Think) 모델 등 요즘 돌아가고 있는 거대 언어 모델들은 생성 모델에서 추론 모델로의 진화를 끝냈다. 사실 챗지피티가 첫 모습을 드러냈던 불과 몇 년 전만 하더라도 인간의 사고방식을 닮은 추론 모델의 인공지능은 생각하기 어려웠다.

가설을 쪼개 내서 최종 답을 구하는 '생각의 고리'

생성형 AI는 결론을 찾아나가는 과정에 '생각의 고리(Chain Of Thoughts)'를 적용한다. 복잡한 추론 문제를 해결하기 위해 중간 추론 단계들을 생성하는 기법이다. 최종 답안에 도달할 때까지의 과정을 중간 단계의 여러 가설로 쪼개서 순차적으로 실행한다.

생성형 AI가 "한 잔에 4000원인 커피 4잔과 한 개에 3000원인 케이크 2개를 샀는데 10% 할인을 받았으면 모두 얼마일까요?"라는 질문을 받았다고 하자. '생각의 고리'는 이 상황을 하위 단계의 작업으로 쪼개서 순서대로 계산한다.

먼저 커피 4잔 총액을 계산(1만 6000원)한다. 다음에 케이크 2개의 총액(6000원)을 계산한다. 그리고 커피와 케이크의 총액을 계산(2만 2000원)한다. 다음에는 10% 할인 금액을 계산(2200원)한다. 최종적으로 총액에서 할인 금액을 뺀 지불 금액(1만 9800원)을 구해 낸다.

이와 같은 단계를 거쳐 복잡한 가설을 하위 단위의 가설로 쪼갠 다음, 그 가설들을 하나씩 검증해서 최종 답안을 만들어 내는 것이다. 생성형 인공지능 가운데 챗지피티 gpt 5나 Claude Sonnet 4와 같은 추론 모델(Reasoning model)이 작동하는 과정을 살펴보면 이처럼 지시 받은 과업에 대해 여러 가지 가설을 생성해 보고 그중 가능성이 가장 높은 가설을 판별해 나가는 모습을 볼 수 있다. 바이브 코딩 도구인 커서에서도 코딩하는 모든 과정에서 추론하는 단계를 생생하게 볼 수 있다.

생성형 AI 모델들은 가설을 판별하는 과정에서 여러 가설에 대한 검증을 실행해서 증거를 찾는다. 가설을 뒷받침해주는 증거가 가장 많이 나타나는 가설을 답으로 선택하는 방식이다. 판별 기준은 그래서 연관성

(relevance)이 아니라 개연성(plausibility)이다. 그리고 다음 단계로 넘어가서 또다시 가설을 생성하고 가장 개연성이 높은 가설을 선택해서 그에 필요한 조치를 실행한다. 추론과 추론을 이어가면서 결국 과업을 달성해 낸다. 단계별 추론(step-by-step reasoning) 방식으로 이뤄지는 '생각의 고리'가 작동하는 것이다.

인간 지능 확장의 기저 '지평의 융합'

과연 이 같은 추론 모델에게 가추법도 가능할까? 여러 학자들은 인간 지능의 고유한 특성을 강조한다. 션 맥그라스(Sean J. McGrath)는 인간 지능이 단순히 정보를 처리하는 것을 넘어, 의미를 매개하는 '상징적 사고'와 합리적 판단, 미학적 감수성을 포함한다고 주장한다(McGrath, 2023). 우베 포크트(Uwe Voigt)는 지능을 문제 상황을 인식하는 질적이고 성찰적인 의식으로 정의한다(Voigt, 2023). 마이클 샤키(Michael Sharkey)는 인간의 '통찰'이 기계가 모방할 수 없는 핵심 요소라고 강조한다(Sharkey, 2023). 모두가 인공지능이 넘어설 수 없는 인간 지능의 고유성을 짚고 있다.

컴퓨터 과학자 에릭 라슨은 '귀납에 의한 머신 러닝은 과거 데이터의 패턴을 인식하는 데 뛰어나지만, 본질적으로 과거 지향적이며 예상치 못한 상황에 취약하다'(Larson, 2021: 140)면서 '상식과 진정한 이해에 필수적인 가추법은 현재 기술로는 프로그래밍할 방법이 없는 근본적인 난제로 남아있다'(Larson, 2021: 166)고 주장한다. 연역과 귀납이 각각 필연성과 사실성을 다룬다면, '아마도…(may be…)'를 제안하는 가추법이야 말로 실제 세계에서 창의적 사고를 촉발하는 핵심적인 기제이며 인간만이 할 수 있는 추론 방식이라는 것이다.

가추법을 넘어서서 인공지능이 인간과 같은 사고를 할 수 있을지를 가르는 또 하나의 중요한 개념으로 '지평의 융합(Fusion of Horizons)'을 들 수 있다. 이는 독일 철학자 한스게오르그 가다머(Hans-Georg Gadamer)의 철학적 해석학의 핵심 개념이다.

'지평'이란 아주 간단하게 말하면 '개인이 세상을 바라보는 창문' 또는 '관점의 범위'라고 할 수 있다. 이 창문은 사람마다 다르다. 각자의 창문은 그 사람이 살아온 역사, 문화, 경험, 그리고 선입견(prejudice)에 의해 만들어지기 때문이다(Hornby, 2024).

'지평의 융합'은 서로 다른 창문을 가진 사람들이 대화를 통해 더 크고 새로운 하나의 창문을 함께 만들어 나가는 과정이다. 두 사람이 대화를 나누는 중에 서로의 의견에 동의하게 되면서 어느 순간 두 사람의 지평이 합쳐져 완전히 새로운 세계의 지평이 열리는 현상을 말한다. 이를 위해서는 두 사람 사이에 마음을 여는 개방성, 서로를 믿는 신뢰, 그리고 공감과 겸양, 선의가 함께 해야 한다(Hornby, 2024). 이로써 두 사람 모두에게 볼 수 없었던 더 넓고 새로운 이해의 창문이 열리게 된다.

여전히 남아 있는 '창발성'의 가능성

인공지능에게 '지평의 융합'은 가능할까? 로버트 혼비(Robert Hornby)는 챗지피티와 같은 생성형 AI는 진정한 의미의 대화 파트너가 돼서 '지평의 융합'을 이룰 수 없다고 단언한다. AI는 특정 역사나 문화 속에서 살아온 존재가 아니기 때문에 자신만의 고유한 관점이나 지평을 가질 수 없기 때문이다. 또한 '지평의 융합'에는 개방성, 신뢰, 겸손, 선의와 같은 태도가 필요하지만, AI는 도덕적 미덕이나 감정적 기질을 가질 수 없다는 것이다(Hornby, 2024).

생성형 AI의 추론 모델(reasoning model)이 작동하는 형식은 가추법과 매우 닮아있다. 다만, 추론 모델이 생성해 내는 수많은 가설들은 이미 학습된 데이터를 기반으로 한 것이 분명하다. 사람처럼 기존에 없던 생각을 불쑥 해내는 방식은 결코 아니다. 적어도 필자가 이 글을 쓰고 있는 지금까지는.

그러나 추론 모델의 생성형 AI가 만들어 내는 가설의 완결성은 인간을 초월한다. 적어도 지금까지 발생했던 모든 데이터를 망라해서 모든 그럴 듯한 가설을 빠짐없이 끌어낸다. 또한 이렇게 만들어 낸 가설들을 검증하는 과정도 최소한 기존에 학습한 데이터를 바탕으로 해서 정확하게 증거를 수집하고 그 증거를 평가하고 결국 증거의 개연성을 객관적으로 판별해 낸다.

발상 단계에서는 약하지만, 학습한 데이터를 기반으로 한 가설 생성과 가설 판별에서 생성형 AI는 인간보다 더 무결하다. 한걸음 더 나아가 인공지능이 미리 학습하지 않았던 가설마저 생성해 낼 수 있는 가능성은 아직 남아 있다. 바로 인공지능 기능이 급속히 향상되면서 언제 어느 시점에 '창발성'이 발현될지 모르기 때문이다.

추론 모델, AI 에이전트, 그 다음은 '초지능'?

추론 모델을 세상에 내놓기 직전인 2025년 1월, 오픈 AI의 대표 샘 올트먼(Sam Altman)은 자신의 블로그에 "우리는 AGI(인공일반지능)를 구축하는 방법을 알았다고 확신한다"고 밝혔다. 그리고는 챗지피티 추론 모델을 공개했다. 이와 함께 그는 같은 글에서 2025년에는 최초의 AI 에이전트가 노동력에 합류해서 기업의 결과물을 실질적으로 변화시키는 것을 보게 될 것이라고 믿는다고 예측했다(Altman, 2025). AI 에이전트는 빠른 속도로 진화해 실제로 기업의 워크플로를 자동화하고 있다. 뒤이어 알트먼은 2025년 9월 《Politico》와의 인터뷰에서 2030년까지 인간의 지능을 뛰어넘는 '초지능(superintelligence)'이 나타날 것이라고 예견했다(Burgard, 2025).

초지능의 정체는 무엇일까? 인간의 추론 능력을 모방하고 있는 지금의 생성형 AI가 과연 인간 고유의 특성인 가추법적 창의력까지 발휘하게 될 것인가? 나아가 인간과 인공지능과의 대화를 통해 '지평의 융합'이 일어날 수 있을까? 논쟁은 이어지고, 도전도 계속될 것이다. 상상하기 어려운 지능의 대폭발이 빠른 속도로 다가오고 있음은 분명하다. 커즈와일은 이미 특이점에 대한 그의 세 번째 저서 '드디어 특이점이 시작됐다'를 준비하고 있는지 모른다.

참고문헌

Altman, S.(2025). Reflections. Sam Altman blog. https://blog.samaltman.com/reflections

Burgard, J. P.(2025). When Sam Altman Predicts a 'Superintelligence' Might Arrive. Politico. https://www.politico.com/news/magazine/2025/09/25/sam-altman-ai-interview-axel-springer-00580997

Hornby, R.(2024). Is Generative AI Ready to Join the Conversation That We Are? Gadamer's Hermeneutics after ChatGPT. *Technophany, 3*(1).

Larson, E. J.(2021). *The Myth of Artificial Intelligence: Why Computers Can't Think the Way We Do.* The Belknap Press of Harvard University Press.

McGrath, S.(2023). AI and the Human Difference. *Analecta Hermeneutica, 15*(1).

Sharkey, M.(2023). Dreyfus on AI. *Analecta Hermeneutica, 15*(1).

Voigt, U.(2023). Artificial Intelligence in the Anthropocene?. *Analecta Hermeneutica, 15*(1).

공훈의

국제정치학을 전공한 뉴미디어 및 AI 전문가. 서울대학교 외교학과 및 대학원을 졸업했다. 《광주일보》에서 기자, 정치부 차장, 국제부 부장을 거쳐 5대 지방신문 공동파견 워싱턴특파원을 지냈다. 이후 미국 캘리포니아대학교 버클리의 School of Information에서 정보 관리 시스템학 석사를 취득했다.

2000년에 《머니투데이》 초창기 정보기획이사(CIO)로 온라인 서비스를 총괄하면서, 실시간 뉴스 기반으로 수익모델을 만들어 냈다. 이후 창업 투자사인 '넥서스투자 주식회사'의 대표이사/사장으로 일했다. 2010년에는 SNS 기반 뉴스 서비스 《위키트리》를 개발해 국내 SNS에서 가장 영향력이 큰 미디어로 키운 뒤 2019년에 매각했다.

2021년에 '고도화 사회 이니셔티브'를 설립해서 다양한 AI 에이전트 앱을 개발하고 인공지능의 생활화를 위한 연구를 계속하고 있다.

서울대학교 데이터사이언스대학원 KDT 과정과 AI CEO 과정을 비롯해 다수의 기업, 학교, 단체 초청 생성형 AI 강연 및 부트캠프를 운영하고 있다.

저서로 《AI와 뉴스》(2024), 《미디어 혁신과 뉴스 스토리텔링》(2019), 《Ground Up Your Media》(2019), 《SNS는 스토리를 좋아해》(2014), 《소셜로 정치하라》(2012), 《뉴미디어 시대, 보고 듣고 뉴스하라》(2010), 《디지털 뉴스 핸드북》(2001) 등이 있다.